图解日本终端服务

売れる陳列　売れない陳列

服务的细节_001_

卖得好的陈列

［日］永岛幸夫 著　李斌瑛 译

东方出版社

图书在版编目（CIP）数据

卖得好的陈列/（日）永岛幸夫 著；李斌瑛 译. —北京：东方出版社，2011
（服务的细节）
ISBN 978-7-5060-4248-2

Ⅰ.①卖…　Ⅱ.①永…②李…　Ⅲ.①商品陈列—研究　Ⅳ.①F713.7

中国版本图书馆 CIP 数据核字（2011）第 130864 号

ZUKAI URERU CHINRETSU URENAI CHINRETSU
Copyright © 2005 by Yukio NAGASHIMA
First published in 2005 in japan by PHP Institute, Inc.
Simplified Chinese translation rights arranged with PHP Institute, Inc
through Japan Foreign-Rights Centre/Bardon-Chinese Media Agency

本书版权由北京汉和文化传播有限公司代理
中文简体字版专有权属东方出版社
著作权合同登记号　图字：01-2010-2249 号

卖得好的陈列
（MAIDEHAO DE CHENLIE）

作　　者：〔日〕永岛幸夫
译　　者：李斌瑛
责任编辑：吴　婕
出　　版：东方出版社
发　　行：人民东方出版传媒有限公司
地　　址：北京市东城区朝阳门内大街 166 号
邮政编码：100706
印　　刷：北京中新伟业印刷有限公司
版　　次：2011 年 8 月第 1 版
印　　次：2016 年 6 月第 5 次印刷
印　　数：15001—18000 册
开　　本：880 毫米×1230 毫米　1/32
印　　张：5.625
字　　数：93 千字
书　　号：ISBN 978-7-5060-4248-2
定　　价：26.00 元
发行电话：(010) 65210056　65210060　65210062　65210063

目录

001

002

003

前言

本书从三个简洁明快的切入点对书中内容进行了总结：

①店头行销的技巧；

②应用于 AIDMA（爱德玛）法则；

③在此基础上，通过"畅销陈列"和"滞销陈列"的插图对比，简单易懂地讲解这一技巧。

现在，卖场中的新产品如雨后春笋般大量涌现，商品数不胜数。 广大商家面临的问题主要是：

自家商品是否会被淹没于层出不穷的商品之中？

商品企划的意图真的传达给消费者了吗？

而且，消费者自身也会在挑选商品时犹豫不决。

由于商品的卖点没能在店铺里得到很好的宣传，从而导致本应畅销的商品却面临着滞销的局面，这是再遗憾不过的事情了。众所周知，对厂家来说店铺是市场推广的第一线，其重要性不言而喻。

本书为了方便大家阅读，将称呼统一为"厂商"，然而事实上店头行销对于从事批发、销售公司、商社、自由连锁店以及零售业等流通领域的所有人来说都是同样重要的。

市场推广的基础之基础是 AIDMA 法则，或者说是 AIDCA 法则。

该法则的详细解释说明请看本书序章中的章节"2"。本书将该法则应用于实际的店头行销中，并进行了具体解释。

目前市面上有不少市场营销方面的书籍都指出了 AIDMA 的重要性，但是以商品销售各个阶段为着眼点，将具体技巧贯穿于全书并进行详细介绍的，本书应该是首例。

此外，本书还举出"畅销陈列"和"滞销陈列"的例子来解释 AIDMA 的技巧，所有内容都用简单易懂的插图加以说明。

比如说，看到"滞销陈列"的例子时，或许就会有读者感叹"的确是有这种情况啊！"

同时，本书还通过"畅销陈列"的例子明确提出了具体的改善方法。

　由于网络销售等销售手段的出现，"营销方法"越来越趋向于多样化，店铺的作用也发生了很大的改变。厂家独立自主地进行店头行销已成为营销中必不可缺的环节之一。

　希望各位朋友在阅读完本书后，可以成功地实现店头行销。

永岛幸夫
2004 年 12 月吉日

序章
在店铺里决一胜负的市场营销
AIDMA
AIDCA

Point
- 店头行销是销量增加的关键
- 通过 AIDMA 将店铺媒体化

1　80%的顾客会在店铺里决定购买的商品

各种购物问卷调查的结果显示：将近 80% 的顾客会在店铺里决定购买哪种商品。

有些商品在店铺里被购买的比例甚至高达95%。一般来说，多数顾客都会在店内决定需要购买的商品。

比如在食品方面，大多数顾客都是在商店里看到实际的商品时才决定晚饭的菜谱。就算是耐久性消费品之类的高价商品，尽管顾客在来店前或许已经决定了一些候选对象，但大多数人最终还是会在店铺里决定购买哪家厂商的哪种商品。

对厂商来说，店铺是顾客决定是否购买自家商品的决战之地。

然而，这些店铺是否能让消费者认识到商品的特点呢？ 将商品陈列都交给零售店，您负责的商品就能顺利售出吗？

　　有人认为"酒香不怕巷子深，只要商品质量好自然会有人购买"。

　　诚然，好的产品自然会有顾客选购。 但如果多注意一下商品陈列的话可以让销量得到更大的增长。 或者说，不依靠商品本身，仅仅凭借店铺陈列的一些小技巧就能使商品更加畅销，不是更好吗？

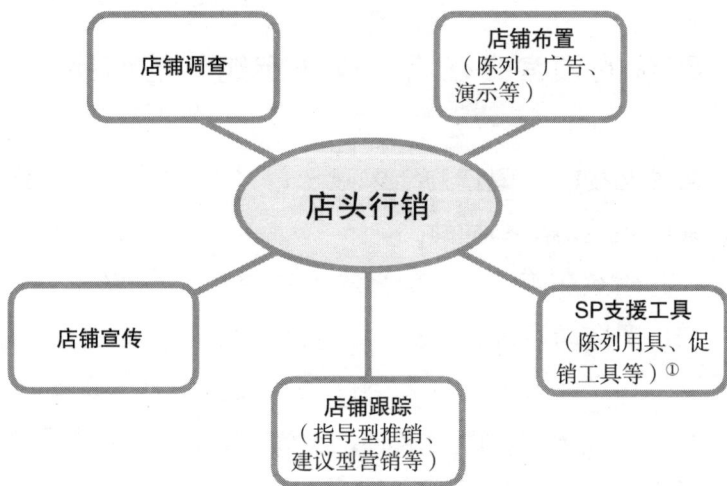

图1　店头行销的体系

---

　　① SP是指人员推销、广告和公共关系以外的，用以增进消费者购买和交易效益的那些促销活动。如陈列、抽奖、展示会等非周期性发生的销售努力。——译者注

◎ 店头行销的重要性

光顾商店的顾客都有显著的购买动机，即为"具有强烈购买欲望的潜在顾客"。所以，只要在店内适当地使用一些小技巧，销量自然会得到飞跃性的提高。

然而，如果陈列不合适的话，就会失去好不容易光临商店的潜在顾客，甚至有可能导致市场推广的所有努力都化为泡影。

我想，所有厂商都对店内的商品畅销技巧——即店头行销的重要性没有异议。那么，店内的商品畅销技巧究竟为何物？

1 **品牌宣传**
为提高品牌影响力所进行的店铺销售规划与销售推广

2 **陈列架宣传**
商品货架的促销策划与货架陈列

3 **标准化陈列与陈列系统**
陈列方法与其他商品加以区别，同时将店铺跟踪的计划定位于以厂家为主导的标准化陈列系统

4 **启用辅助工具**
启用陈列用具、陈列辅助用具、POP广告等各种辅助工具

5 **卖场诊断&方案策划系统**
为确保、强化自家商品的卖场（货架）而进行诊断和提出方案的系统

6 **店铺装修合作**
利用店铺装修之际，扩充、强化自家商品的卖场

7 **店铺网站&手机网站**
提供商品演示、公开宣传、购物咨询等内容

图2 店头行销的架构

本书旨在详细阐明这一问题。 书中指出了促进店内的商品销量的各种技巧，也可谓是促销方面的技术书籍。 您应该可以从本书中寻找到解决问题的突破口。

店铺内市场调查	自家商品的店内调查	货架前的止步率
		POP广告收视率
		商品触摸率
		商品试用率
		商品购买率
	与自家商品相关的卖场调查	店内商品配置调查
		顾客购物路线调查
		竞争商品调查
		POP广告、工具调查
		终端陈列调查
		陈列方向调查
		店铺占有率调查
		店铺覆盖度调查
	购买自家商品的顾客调查	光临商店的顾客调查
		购买商品的顾客调查
		顾客满意度调查
		二次购买调查
		品牌意识调查

图 3　店铺内市场调查

2　应用 AIDMA 法则使店铺成为宣传媒体

与厂商交易的零售店分布在全国各地。 每天都会有大量的顾客光临这些店铺，并看到各个厂商的商品。 那么究竟有多少人会关注自己生产的商品呢？

　　打个比方说，假设全国共有 3 000 个有业务往来的零售店，同时假设每家店铺平均每天有 1 000 名顾客光临，那么一天的顾客总量就是 300 万人。 这样下来一年会有多少人呢？ 近些年来终年不歇业的店铺越来越多，假设零售店一年的营业天数为 350 天的话，客流量总计能达到 10.5 亿人。 这些店铺正是绝佳的广告宣传媒体。

◎以光临店铺的潜在顾客为宣传对象可以有效地提高销售额

　　那么店内宣传与其他的宣传媒体有何区别？ 比方说，电视广告、杂志广告、新闻广告等等也能带来很好的广告效果。 但是这些广告面向的是广泛的大众，而并非特定的人群。

　　而店内宣传则不同，它的对象是已经光顾了商店并且亲自站在商品面前的 "具有强烈购买欲望的潜在顾客"。 因此，与对象为非特定的大众相比，其反响率要高上数十倍。 媒体广告即使能带给人们想要购买商品的欲望，人们也无法当场立即购买。 而在商店里的人们只要想买就能立刻买到商品。 也就是说，从卖方的角度来看，店内宣传是 "与销售直接挂钩" 的宣传媒体。

　　此外，店内宣传比广告宣传媒体的成本要低得多。即使不在店内设置促销工具，只要在商品陈列方面多下点工夫，销售额也能得到飞跃性的上升。

因此，店头行销对大厂商来说自然是十分重要，对中小厂商来说也是值得一试的方法，它会带来很好的效果。

◎将 AIDMA 法则应用于店铺陈列

本书在着眼于店铺促销力的同时，还试着将市场营销学中经典的 AIDMA（爱德玛）法则，或是 AIDCA 法则彻底应用于店铺陈列中。

市面上有不少书籍都指出了 AIDMA 在店内陈列方面的重要性。 但据我所知，这些书籍并没有具体说明陈列的技巧。

本书旨在从简单易懂的切入点来探讨店头行销的技巧。

首先让我们来看看 AIDMA 法则。

请大家参看图4。 这张图揭示了顾客购买心理的六个阶段，同时反映了顾客实际购买商品前的心理变化。AIDMA 正是由这些单词的首字母组成的。 让我们依次来看看。

①注目 Attention

能够吸引顾客的商品才有可能售出。 比方说，假设每天路过店铺的行人或车辆有一万人（辆），如果店铺宣传能够有效地吸引人们的注意力的话，效果就相当于每天散发一万张广告单。 我们将在 Part 1 中讲解什么是引人 "注目" 的陈列。

②兴趣 Interest

通过一定的技巧，让顾客即使不去咨询销售人员，也能通过陈列和 POP 广告联想到良好的商品形象，这也是十分重要的一点。 Part 2 将解说何谓引起 "兴趣" 的陈列。

③需求 Desire

想要促进顾客的购买欲望，让顾客亲自体验商品是颇为有效的方法。 如何从视觉上简单易懂地将商品的特点传达给顾客，并唤起顾客的 "购买欲望" 呢？ 我们将于 Part 3 讲解此类陈列。

④信服 Conviction

有时通过以上三个步骤即可让顾客确定购买。 而为了让顾客购买时没有后顾之忧，展示商品的信用和附加价值也非常重要。 使人 "信服" 的陈列将于 Part 4 部分进行讲解。

⑤记忆 Memory

顾客有时就算有购买某种商品的欲望，也不会当场立即买下来。 比如说，有些人会琢磨着 "等拿了奖金之后再来……" 等等。 我们需要让这样的顾客在脑子里留下对商品深刻的记忆，使他们再次光临。 留下 "记忆" 的陈列将在 Part 5 进行讲解。

引人 注目 的陈列

(A) ttention

引起 兴趣 的陈列

(I) nterest

唤起 需求 的陈列

(D) esire

使人 信服 的陈列   留下 记忆 的陈列

(C) onviction   (M) emory

引起购买 行为 的陈列

(A) ction

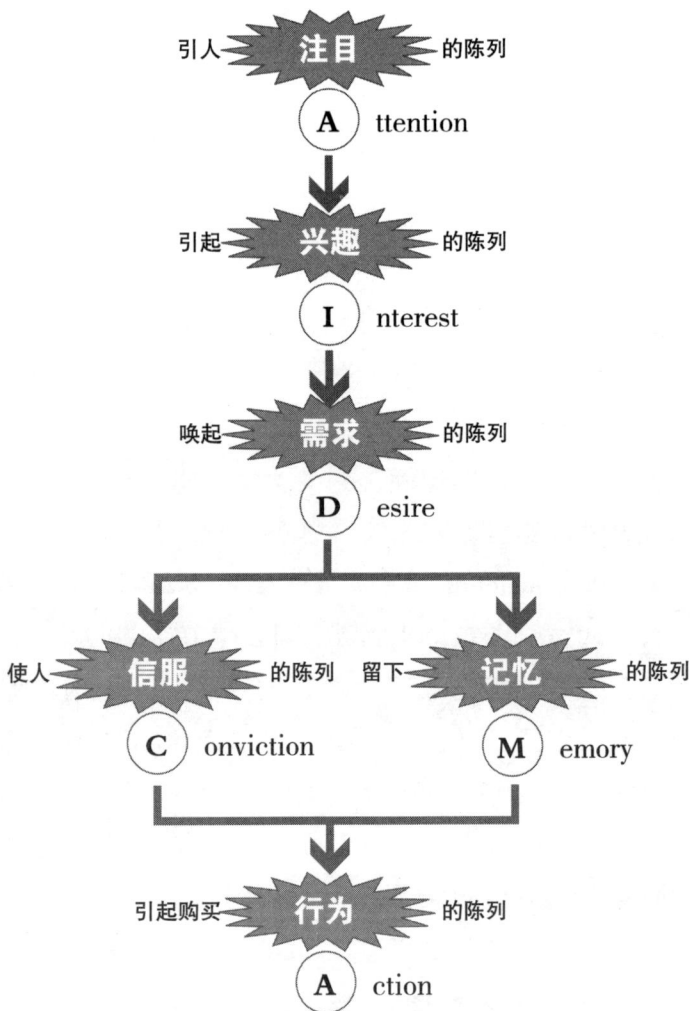

图4 购买心理的六个阶段与陈列

008

⑥行为 Action

这是顾客决定购买商品的阶段。 但是也不能因此掉以轻心。 比如说商品脱销的话，顾客的购买热情自然会骤然降低。 有时顾客明明有很强的购买欲望，但销售额却迟迟无法提升。 我们将在 Part 6 中讲解针对此类情况而采取的对策，以及引起购买"行为"的陈列。

Part 1

引人注目的陈列

Attention

Point

- 增强店内的品牌效应
- 改变陈列样式
- 创建人气柜台的黄金法则
- 将自家商品陈列于黄金区域
- 掌握店内的实际陈列情况
- 创建吸引目光的重点
- 让顾客反复看到
- 不为常理所束缚的陈列

1　如何增强店内的品牌效应？

零售店在陈列商品时，不一定会按照厂商和品牌分类。

一般来说，零售店会将商品分成不同的类别，然后按照类别进行陈列。

比方说，女鞋可分为正装鞋、休闲鞋、旅游鞋等类型。

食品中的调料可以再细分为酱油、沙司、醋、调味汁等等，书籍中的商业书籍可以再细分为计算机类书籍、市场营销类书籍、零售经销类书籍等等。一般来说店铺都是将商品按照类别进行陈列的。

要想增强品牌效应的话，就需要在某类别的陈列中占有无限接近于100%的份额。

如果难以做到中等分类的话可以试试小分类，若还是不行的话，更细分类的陈列份额也可。

重要的是彻底提高某一特定类别的商品陈列份额。

而且需要确立独特的品牌效应，让顾客提起某种商品时立刻联想到某一品牌。

那么，怎样才能做到这点呢？我们需要将目标商品类别的多种商品全方位化。全方位化是指在进行销售规划时，由自家厂商提供该类别的所有商品。

这就是销售规划全方位化。

零售店一般是按照商品类别进行陈列的，因此从结果上看，这种方法可以打造出自家商品的品牌陈列，并且能很好地保证陈列外观，达到引人注目的效果。

◎让顾客怦然心动的全方位化

那么，销售规划全方位化究竟指的是什么呢？

不同的商品之间存在一定的差异，主要内容如下所述。

● *颜色的全方位化*

许多商品可以采用增加不同颜色的方法。 比如说不同颜色的衬衫、绒毛织物等服装，不同颜色的时尚杂货和生活杂货、运动用品、化妆品以及食品等等。

五光十色的商品可以有效地营造出卖场的特色。

这类商品也是卖场比较容易引进的商品。

色彩销售规划的商品陈列法的原则是按照色彩条进行陈列，其效果十分显著。

● *型号的全方位化*

"高不成低不就"的商品有时让顾客很难选购。 有些商品需要针对顾客的需求心理进行型号的全方位详细分类。

● *用途的全方位化*

从扩大消费者的选择范围这一意义上来说，用途的全方位化也是极为有效的方法。

"携带用"、 "旅行用"、 "烹调用"、 "时尚用"、 "商业事务用"、 "通讯用"、 "防盗用"、 "宴会用"等等，这样的例子数不胜数。

这给我们带来不少启发，您也不妨试试将用途的全方位化应用至自家商品。

● *顾客层的全方位化*

这点也是因商品而异， "女性用"、 "儿童用"、 "惯用左手者用"、 "职业人员用"、 "夫妇用"等等，同样可以给自家商品带来不少启发。

● **数量的全方位化**

比方说，有些食品的量对单身人群、高龄人群等人群来说过多，而有的消费者则更加倾向于一次性多买一些，因此购买数量的需求也是多种多样的。 从少量的小包装到大量的家庭装，数量的全方位化对某些商品来说也是值得考虑的方法之一。

● **系列商品的全方位化**

该方法是推出某某系列的商品，持续进行系列商品的全方位化。

比方说，在"卖场构建系列"的零售经营类书籍领域，我们可以将《陈列指导书》和《POP 广告指导书》作为一个系列出版。 通过这一类别的全方位化来提高商品陈列占有份额。

另外也可以根据商品的特征进行各种各样的全方位化。

◎集中陈列自家商品可以引起注目

笔者曾经调查过某一品牌的商品在百货店内的陈列位置。

结果令人大跌眼镜，该品牌商品零散地陈列于近50个货架上。

┌─────────── **全方位化销售规划** ───────────┐

颜色的全方位化…………五颜六色的商品可以有效地营造出卖场
的特色

设计的全方位化…………将设计中的一点进行全方位化

型号的全方位化…………通过型号的全方位化更加方便顾客选购

用途的全方位化…………通过用途的全方位化创造新需求

效果的全方位化…………医药用品、化妆品、健康食品等领域的
全方位化

功能的全方位化…………从简单到多功能，扩大选择范围

味道的全方位化…………辛辣、香甜等食品的全方位化

数量的全方位化…………以小包装等形式适应数量需求的多样化

价格的全方位化…………从低价到高端，适应需求的多样化

系列化…………以某某系列等方式策划持续的全方位化

└──────────────────────────────────┘

┌─────────── **交叉型销售规划** ───────────┐

与不同种类的商品组成套件可以补充全方位化销售规划，并增强
品牌影响力。

└──────────────────────────────────┘

图1-1　通过全方位化销售规划增强品牌影响力

这样的话品牌效应自然得不到提高。因此，通过营销人员的努力该品牌获得了 12 坪（一坪约合 3.305 7 平方米）的专柜，并将该品牌的所有产品都集中陈列于专柜中。

品牌影响力自然得到了飞跃性的提升。

◎通过 POP 的陈列方法确保自家品牌的范围

将品牌商品集中陈列时，陈列面是由商品影响力和营销能力等多种力量所决定的，但至少需要保证一排陈列架，否则商品就会缺乏吸引力。

陈列台的其他货架上还陈列着其他公司的产品，因此，首先要确保获取黄金区域的货架段。

黄金区域是指与顾客的视线高度持平的最显眼的区域。

悬挂于货架前方的 POP 广告可以吸引顾客的注意力，不过此时注意 POP 广告的宽度需要与货架宽度一致。

否则顾客会误认为 POP 广告的宽度即是该品牌商品的陈列面，这样就有可能被其他公司的产品侵入界限（参照图 1 - 2）。

与货架宽度一致的 POP 广告可以确保自己的范围（陈列面）。

👉 **滞销的陈列**

自家品牌商品

自家品牌的POP广告

货架

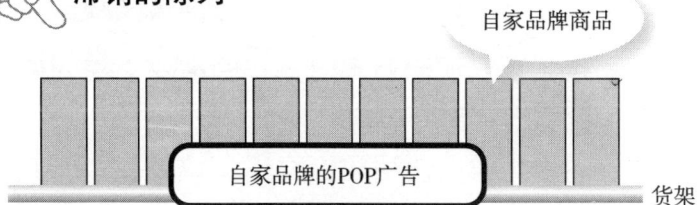

确保了自家品牌的货架

然而

▼

其他公司商品

自家品牌商品

自家品牌的POP广告

货架

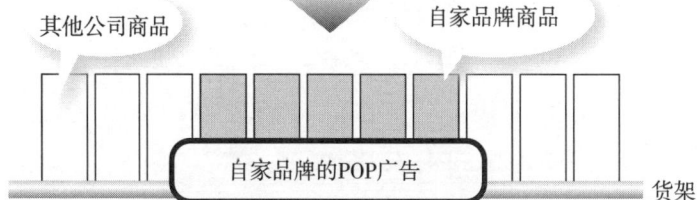

POP的宽度使自家商品的陈列面过窄，
货架被其他公司的商品侵入。

👉 **畅销的陈列**

自家品牌商品

自家品牌的POP广告

货架

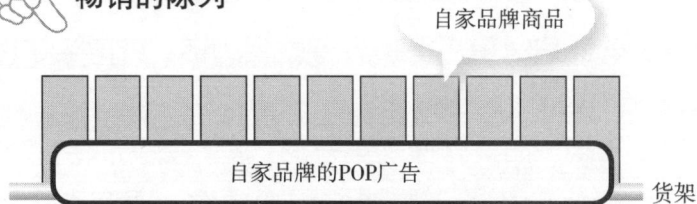

与货架宽度一致的POP确保了自家品牌的范围（陈列面）

图1-2　明确划分出自家品牌的陈列面

017

2 改变陈列样式 吸引人们目光

陈列商品的陈列架和陈列台的促销方案被称为货架销售规划，在研究促销方案时，我们需要将陈列架和陈列台自身看成一家迷你店铺。

光是向零售店提议使用专用货架还远远不够，厂商提出的方案必须与促销有直接的关系。

首先，卖场中自家商品的陈列架与陈列台（也就是自己公司的店铺）必须要引人注目。 在陈列方面与其他商品加以区别是有效方法之一。 不同的商品和行业领域有着不同的区别化技巧，在此介绍其中一例。

● 应用槽沟陈列引人注目

在采取自助型销售时，商品以同样的陈列方法整齐地陈列于陈列台的货架上。 此时，只改变自家商品的陈列方法被称为槽沟陈列（槽沟是浅坑的意思）。

比方说，其他陈列台都是在货架上陈列，而只有自家商品的陈列台使用吊钩进行陈列的话，就改变了陈列的类型，因此十分引人注目。

或者是，如果其他陈列台的货架层数为四层，而只把自家商品的货架间隔做得更加紧密，改装成八层货架。 这样也改变了陈列的类型，因此很容易吸引人们的目光（参照图 1－3）。

👉 **滞销的陈列**

自家商品

其他公司商品

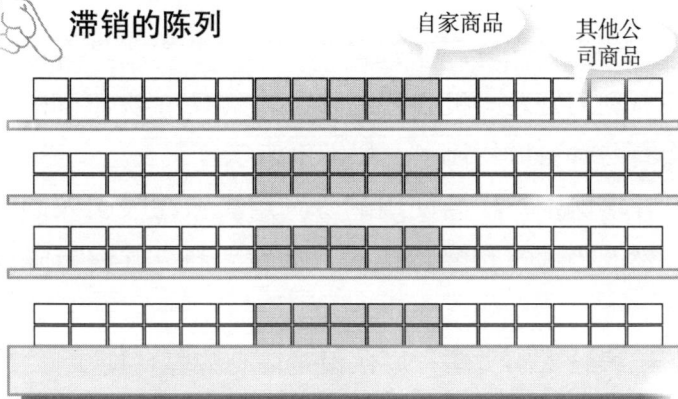

自家商品与其他公司商品的陈列方法相同，因此不显眼。

👉 **畅销的陈列**

将自家商品改成槽沟陈列

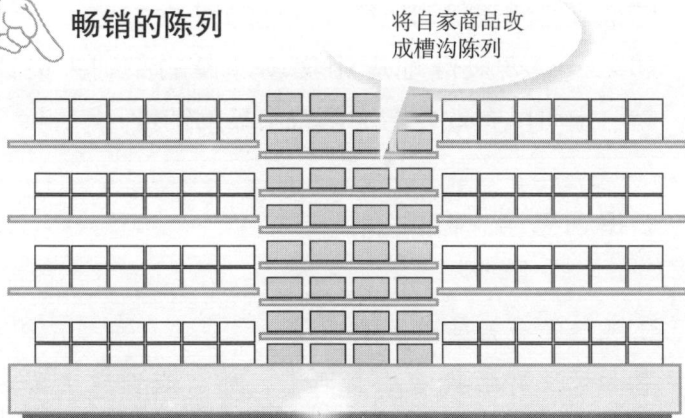

将陈列方法改为"槽沟陈列"，吸引人们的注意力。

图1-3　使自家商品更加引人注目的一例

3 创建人气柜台的黄金法则

即使卖场允许厂商提供陈列用具，也还是有很多厂商没有利用好这一机会营造展台的氛围。在不同的条件下会有各种各样的例子，如下例所示。

在该例中，厂商使用的陈列用具旨在吸引人们的目光，然而当顾客想要购买时，却发现商品并没有陈列在附近。

结果给人感觉这一展台设置得有些莫名其妙。

此时需要采取各种对策，比方说在厂商提供陈列用具的同时还让零售店准备陈列有大量商品的陈列台等等，营销人员需要贯彻执行标准化的引进方法。

总之，只要灵活地应用卖场建设的原则来设计展台，就一定可以有效地增加自家商品的销量。

◎ 设置展台之际的确认单

①展台是否紧挨着主要通道？

②如果没有紧挨着主要通道，那么能否从主要通道一眼就能看到？

③展示空间是否发挥出了吸引顾客的效果？

《健康食品厂商的展台设计例》

滞销的陈列

展示了自己的商品，但不知道销售的商品陈列于何处。

引人注目的展示

畅销的陈列

设计了方便顾客购买的展台。"引人注目"和"销售"相辅相成、互相促进。

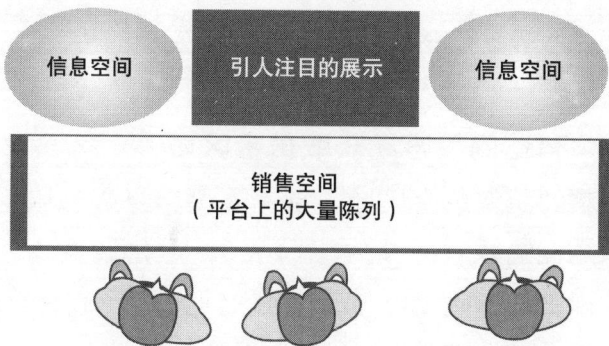

信息空间　引人注目的展示　信息空间

销售空间
（平台上的大量陈列）

图 1-4　灵活应用卖场建设的原则来设计厂商的展台

4　最受人们注目的黄金区域

想要自家商品吸引顾客的眼球，最重要的是将其陈列于黄金区域（黄金区域的相关问题请参照图 1 - 5 ）。

话虽如此，零售店却不一定将自家商品优先陈列于黄金区域。

而且，有时就算自家商品十分畅销，也没能被陈列于黄金区域，这是因为零售店在陈列商品时，有时候并没有考虑到黄金区域的因素。

说得难听一点，不少零售店的商品陈列十分随意，完全没有考虑过陈列的技巧。

而连锁店等店铺都有固定的陈列分配模式，黄金区域中都陈列有相应的商品。

总之，为了将自家商品陈列于黄金区域，需要提出能够说服零售店的促销方案和营销人员的协助。

◎有些商品容易获取黄金区域

想要获取黄金区域，营销人员自身必须认识到黄金区域的促销效果。 请看图 1 - 6 ，这是调查将某种商品（同样的陈列数量、同样的陈列方法、同样的销售日期）移动至不同货架时销售额的变化数据。

比方说，把商品从下层移至中层时，销售额增加了 34% 。

天花板

135cm

75cm

黄金区域

存货区

地　面

卖场跟踪的
基本原则

将自家商品
陈列于黄金区域

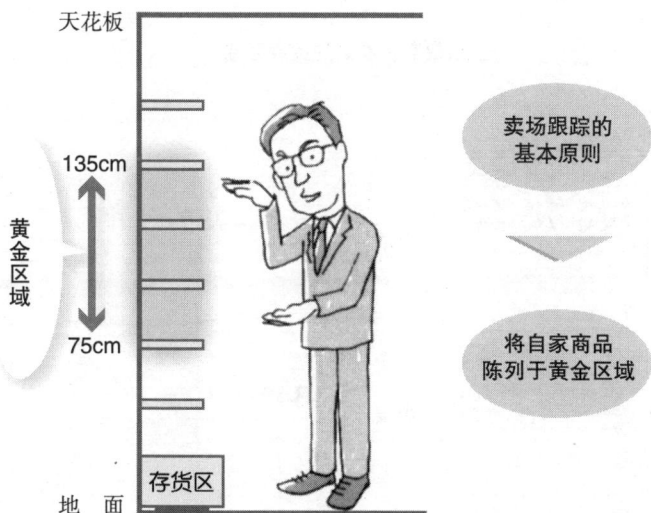

从营销战略上看 最好陈列于黄金区域 的商品	重点销售商品
	季节性商品
	促销商品
	TVCM等广告商品
	畅销商品
	战略商品
	其他

物理性质上容易 陈列于黄金区域的商品	小型的商品
	较轻的商品
	绚丽多彩的商品
	容量感较大的商品
	系列商品
	陈列不容易被打乱的商品

图 1-5　黄金区域的货架最畅销

将自家商品移至黄金区域后销售额增加了75%

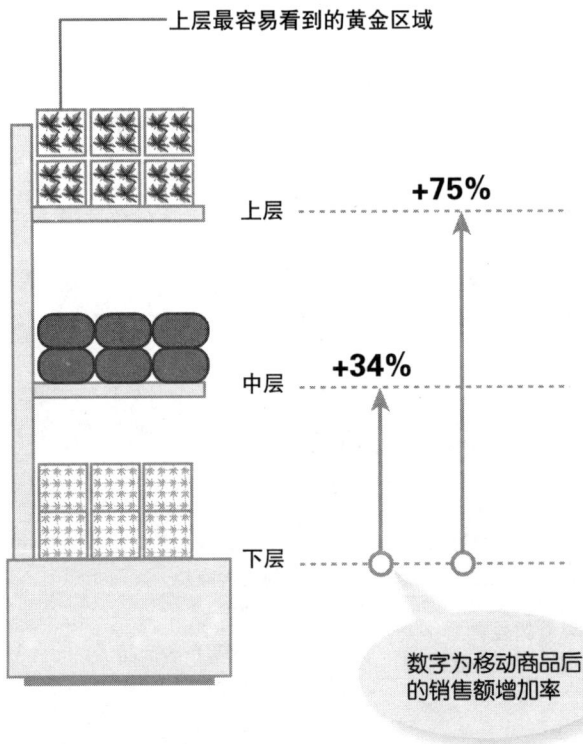

上层最容易看到的黄金区域

上层 ---------------- +75%

中层 ---------------- +34%

下层 ----------------

数字为移动商品后
的销售额增加率

想要增加商品销售额，就没有理由不利用黄金区域！

图1-6　商品的移动与销量的变化

　　而将下层的商品移至黄金区域的上层时，销售额竟然增加了75％之多。这一促销效果实在让人大跌眼镜。当然并非所有商品都能达到这一数字，但是可以肯定的是，黄金区域对所有商品来说都具有促销效果。

我们并不能100%地保证自家商品可以陈列于黄金区域，但是在卖场中，有些商品更容易被陈列于这一区域。

这些商品从物理性质上来说容易被陈列于黄金区域。

比如说以下的商品：

- 小型的商品和色彩丰富的商品
- 容量感较大的商品和系列商品
- 陈列不容易被打乱的商品
- 其他

简单地说，就是方便陈列、外观好看的商品。相反，大型商品和较重的商品等则容易被陈列于下层。在策划商品和考虑外包装时可以参照这些原则。

5 您掌握了店内的实际陈列情况吗？

由于陈列于货架上的商品不适合一般的陈列方法，导致不显眼、看不到商品名称等后果，这样的例子在现实生活中比比皆是。

比方说，有些商品一般使用的是信插式陈列。

文具办公用品中的代表性例子就是信封。

有些商品在裹着多枚信封的包装下方印刷商品名称、型号以及枚数等等，然而陈列之后顾客完全无法看到这部分信息（参照图 1 - 7）。

《文具厂商的办公信封例》

滞销的陈列

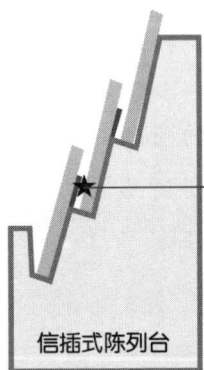

商品名称印刷在包装的这一部位，因此完全看不到商品名称。

信插式陈列台

畅销的陈列

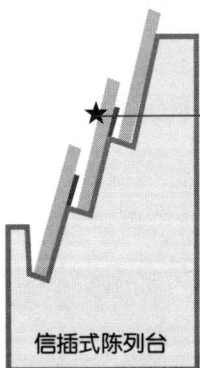

根据卖场陈列的实际情况改善外包装，将商品名称印刷在这一部位。

信插式陈列台

图 1-7　包装设计符合店铺陈列的实际情况吗？

这仅仅是管中窥豹的一例，事实上商品因为不适合卖场中一般的陈列方法，导致不显眼、看不到商品名称的例子出乎意料得多。

这本是商品营销的基本常识，然而现实中陈列于货架上的商品总存在诸多问题。

我们需要详细调查卖场的陈列方法等方面的实际情况，之后再有针对性地提出包装设计和陈列方法的方案。

◎将产品的外包装设计得适合各类陈列方法

圆瓶装商品最理想的包装设计是全方位型设计，即无论商品朝向哪一方向都能看见商品名称，这样的话即使陈列被打乱，也能保持整齐的陈列面。因为有明确正反面的商品不一定都能正面朝向顾客。

四方形包装的商品则需要将包装设计得可以灵活适应各类陈列方法。

卖场中经常进行陈列量等商品陈列方面的调整，因此在设计商品外包装时需要注意让商品无论是横向陈列还是纵向陈列都能以正面朝向顾客。

如果横向陈列便看不到商品名称的话，就说明商品包装设计考虑得不够充分。

此外，纵向陈列的商品更改为横向陈列时，外包装上的商品名称也需要改为横写。

因为竖写的商品名一旦横向陈列的话就难以辨

027

识了。

如上所述，根据陈列方法的不同，我们还需要考虑商品名称是用横写还是用竖写。

此外还需要注意厂商制作的 POP 广告的展示方法。 有时 POP 广告会遮住最为重要的商品名称（参照图 1 – 8）。

最重要的是掌握好卖场的陈列方法和陈列实际情况，在此基础上充分地考虑怎样才能彰显出商品的魅力，让商品更能受到顾客的青睐。

6 创建吸引目光的重点

大家都希望自己销售的商品能够吸引顾客的眼球。

那么，应用怎样的陈列方法可以达到这一目的呢?

试试创建吸引目光的重点吧。 也就是说设计让顾客能够一眼注意到的重点部分。

如图 1 – 9，一般的陈列方法是将商品紧密地陈列于陈列台上，这样的话无法凸显出重点商品。

因此，我们可以试着在陈列重点商品时稍微保持一定的间隔。 比方说可以以一种随意的方式使用一些展示用具来进行陈列。 从百元店①里收集一些小道具的话几乎不需要额外的开支，当然还可以使用厂商提供的 POP 广告。

---

① 日本的百元店是所有商品价格都统一为 100 日元（约人民币 7.5 元）的均价廉价商店。——译者注

滞销的陈列

POP广告是主角、商品是配角

（正面图）

商品

（右）POP广告过大导致只能看见商品50%的部分

货架

货架前方展示的POP广告

畅销的陈列

商品是主角、POP广告是配角

（正面图）

商品

更改为小型POP广告，可以看见商品80%的部分

货架

货架前方展示的POP广告

图1-8 POP广告是否盖过了商品本身？

滞销的陈列

普通的陈列

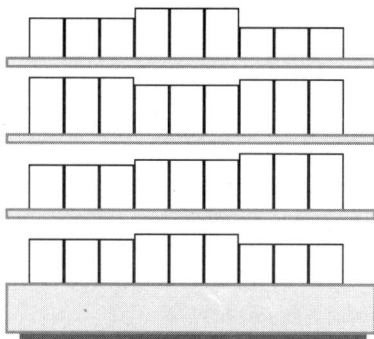

想要销售的商品不够显眼，陈列过于单调。

畅销的陈列

创建吸引目光的重点

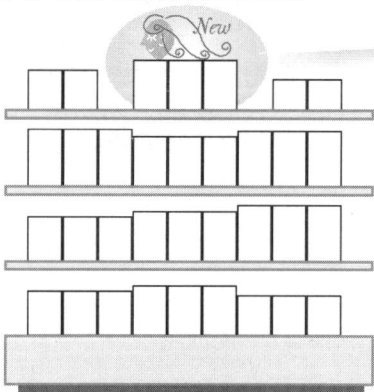

New

这儿就是
重点区域

重点区域的商品更加引人注目。
此外整个陈列台也更能引起人们的注意。

图1-9　将想要销售的商品陈列于吸引目光的重点区域

吸引目光的重点区域需要创建在与顾客视线高度持平的货架（黄金区域）。

总之，只要改变陈列方式就能引起人们的注意。 这就是吸引目光的重点。

一旦创建了吸引目光的重点区域，不光是重点商品更加引人注目，整个陈列台也会显得层次分明、富有变化，其他商品的销量也会有所增加。

7 让顾客反复看到的话必定可以赢得注目

有些厂商会给零售店提供一些促销道具。

比如说鲤鱼旗、海报、垂帘、POP 广告等等。

然而这些道具真的有效促进了销量吗？

我们能否向零售店提供更加有效的使用方法？

我们是否在提供这些道具之后就置之不理了呢？

下面举一个鲤鱼旗的例子，请看图 1 – 10。

各种各样的鲤鱼旗零乱不堪，顾客完全不明白其想要表达的意思。

鲤鱼旗多是用来吸引驶过店铺前方道路的司机们的，因此想要吸引人们的目光，必须做得简单易懂。

悬挂鲤鱼旗的原则是只使用一种旗帜，同时整齐有序地保持相等的间隔。

这一原则同样适用于海报、广告宣传画等。

滞销的陈列

促销日

○○展销会

ABCDEF

春日○○祭

○○协商

○○举办中

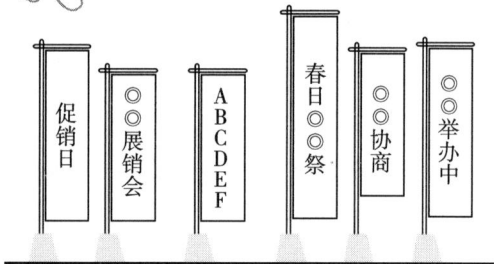

旗帜的种类各异，且高度、间隔不一，难以吸引人们的目光。

畅销的陈列

春日○○祭

春日○○祭

春日○○祭

春日○○祭

春日○○祭

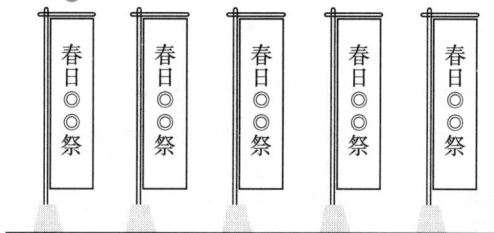

将内容汇集至同一种类的旗帜，高度与间隔均相等，容易吸引人们的目光。

鲤鱼旗的悬挂原则

- 悬挂于道路的边界线处
- 集中悬挂于一个地方
- 旗帜的高度与间隔相同
- 使用同一种类的旗帜

图1-10　鲤鱼旗的有效悬挂方法

　　简单地说就是让顾客反复看到同一种类的宣传，从而加深顾客的印象，吸引顾客的目光。

　　因此不要想着面面俱到，将想要表达的内容汇集至同一种宣传工具即可达到满意的效果。

8 不受常理束缚的新颖陈列引人注目

前所未有的全新陈列方法有时可以发挥出惊人的效果，不仅能够方便顾客购买，引起顾客注意，有些商品还能掀起热潮。 古往今来这样的例子数不胜数。

如今自助型销售并不罕见，但在 20 世纪 30 年代美国首次使用这种销售方法时，曾被誉为划时代的全新销售方法。 而让这一销售方法得以实现的前提是将商品包装后再进行陈列。

在店内加工生鲜食品，将其包装好后陈列在开放式冷藏柜中。 店内加工的新鲜食材便于顾客购买，因此生鲜食品成为了超市的主力商品之一。

日本也有不少焦点陈列的例子。 20 世纪 60 年代，年轻人之间盛行学院风，这可谓是战后青年时尚的序章，而彰显出这一流行风尚的正是当时罕见的搭配型陈列。 不少展台都展示了脚穿菱形花格袜配拖鞋，身着系扣衬衫配棉短裤的搭配。

学院风通过这种方式风靡一时。

其他例子可以参照表 1-1。 总之，焦点商品和焦点陈列的例子不胜枚举。 如今我们或许已经见惯不惊，但在刚盛行的时候，它们都使用的是划时代的陈列方法。焦点商品便是这样营造出来的。

表1-1　新颖的陈列方法营造焦点商品

新颖的陈列	焦点商品
预先包装生鲜食品	生鲜食品成为超市的主力商品
用搭配型陈列展示学院风	从发型到鞋子都掀起了学院风热潮
在店内堆积陈列圣诞节糕点	逐渐形成了圣诞节吃圣诞节糕点的习俗
让脚模穿着连裤袜展示于人们面前	连裤袜得以迅速普及
将牛仔服陈列于箱架中	出现了牛仔商店,并引发了牛仔热
将防水手表的样品陈列于水槽中	防水型手表得以迅速普及
以侧面陈列运动鞋	鞋店形象焕然一新,引发了运动鞋热潮
将小型打印机与贺年卡陈列于一起	小型打印机成为了热卖商品
将不同颜色的衬衫按照颜色进行条状陈列	彩色衬衫在白衬衫的受众之间得以流行
建立专卖店形式的卖场	设计品牌及知名品牌掀起热潮
创建地下商场	熟食店、大众餐饮店得以流行

◎不拘泥于以往的陈列方法

让我们来看看具体的例子。

　　这是某家短袜厂商的短袜陈列情况。 过去厂商使用的陈列方法是大众型的货架陈列和挂钩陈列。

　　这样给人感觉是量贩型陈列，无法带给顾客时尚感。

《短袜的陈列例》

滞销的陈列

正面图

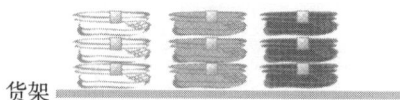

货架

货架

● **一般的货架陈列**

陈列总是过于零乱，降低了商品形象。

畅销的陈列

货架

货架

● **陈列于篮子中可以引起人们的注意**

将各种单品分别陈列于篮子中，带给人们全新的时尚感，吸引顾客的眼球。

图1-11　新颖的陈列引人注目

而且陈列很容易被打乱，商品形象也会大打折扣。

因此，厂商试着打破以往的常识，大胆地将短袜装进藤篮内进行陈列，结果给顾客们带来了时尚新潮的感觉。

而且将短袜装进篮子本身就是没有规律的陈列，所以没有必要重新整理商品。

当然，这种装载式陈列也是"计划中的无规律"，也就是说需要规定在一个篮子中只能投放一种类型的单品。

如果一个篮子中陈列有多种单品的话，顾客就难以进行选购。

这样就不得不与其他公司的商品进行区别。

这只不过是一个简单的例子，我们可以看出，仅仅是陈列方法的不同就能带给顾客全新的商品形象。

所以请不要拘泥以往的陈列方法，大胆地考虑新方法吧！

Part 2

引起兴趣的陈列

Interest

Point

- 趣味横生的"商品体验"
- 让顾客真正理解商品的特点
- 使商品的区别一目了然
- 有效利用宣传手册
- 让顾客看到商品内容才能产生兴趣
- "畅销品"引发顾客的兴趣
- 有效利用顾客的等待时间
- 避免使用让顾客难以选择的陈列
- 为展示的商品加上宣传口号

1 趣味横生的"商品体验"让人感叹"原来如此！"

店内促销效果最好的方法是让顾客亲自体验商品。
所有商品都可以证实这一点，比如下例所示。

- 食品等的试吃

- 酒类等的试饮
- 服装类的试穿
- 鞋子的试穿和服饰杂货的试用
- 健康器械及高科技产品等的试用
- 自行车的试骑

……

厂商也应该使用各种技巧，促进顾客积极地进行商品体验。

提供试用品是有效方法之一，但无法提供试用品的商品该如何是好呢？

顾客无法试用已经包装好的商品，此时方法之一是陈列一系列的样品，方便顾客亲自体验挑选。

在这一小节中，让我们来看看如何利用"商品体验"的方法让顾客真正体会到商品的特点。

◎设计一目了然的商品体验，则不需要销售人员的诸多解释

"商品体验"具体来说应该怎样进行？

比如说，一家床上用品厂商开发了一种用于制造枕头的氨纶丝。

该氨纶丝的特点是耐冲击，就算生鸡蛋掉下来也不会摔破。

因此，在店内用高尔夫球代替生鸡蛋让顾客亲自尝

试体验。

厂商在以往的氨纶丝和该商品所使用的氨纶丝上贴有"商品体验"的标签，让顾客把高尔夫球从上方扔下来（同时标示出"请自由使用高尔夫球尝试一下！"）。

以往的氨纶丝会将高尔夫球弹回去，而该氨纶丝可以吸收冲击力，因而不会反弹。

于是，感叹着"原来如此"的顾客就能一目了然地明白两者的差异了。

这就是"商品体验"。

◎ **将实物的妙处告知顾客的"商品体验"**

钟表厂商开发了一种不需要更换电池的手表，该手表通过时针的走动就能蓄电。厂商可以通过"商品体验"形象地展示这一功能。

太阳镜厂商为了让顾客体验到使用垂钓用偏光太阳镜看水面时的不同，向店铺提供了装鱼的水箱，让顾客亲自试戴上太阳镜进行"商品体验"观察。

顾客定会为其差异而大吃一惊。

想要让顾客理解商品构造的独特之处以及用肉眼看不到的内部功能，"商品体验"无疑是最有效的方法之一。

比如说，为了让顾客理解旅游鞋的内侧长度与外侧长度的区别，可以用将鞋子纵向切开的剖面样品加以说明。

当顾客得知商品内部构造的特点时，自然也会接受该商品了。

如上所示，利用"商品体验"，让顾客亲自试用商品可以让说服力倍增。

《容易看到鱼影的偏光太阳镜例》

👉 **滞销的陈列**

垂钓
用太阳镜

普通的陈列让顾客无法
得知商品的功能

👉 **畅销的陈列**

在卖场置放水箱，让顾
客亲自戴上太阳镜观看
鱼影，商品的特点一目
了然，同时也能引发顾
客的兴趣。

垂钓
用太阳镜

图2-1　趣味横生的"商品体验"让人感叹"原来如此!"

◎首先通过"商品体验"让顾客对商品产生兴趣

总之，零售店难以自己准备这样的"商品体验"，因此需要厂商主动提供。

比起 POP 广告和销售人员的说辞，胜于雄辩的事实更具有说服力。

首先通过"商品体验"让顾客对商品产生兴趣，如果有需要的话顾客便会询问卖场的工作人员，这样就自然而然与商品销售挂钩了。

在店内准备一些体验商品的专台，定能增加商品的销量。

虽然会花费一定的成本，但这一方法必然会带来极佳的展示效果和促销效果。

2　你真的让顾客理解了商品的特点了吗？

我们真的让光临店铺的顾客理解商品的特点了吗？

恐怕不少商品由于店内的说明不足而让顾客无法得知商品的长处，因此顾客对商品产生不了兴趣，从而导致商品滞销吧。

特别是功能性商品，仅让零售店摆放在货架上是难以增加销量的。

◎功能性商品仅是摆放在货架上很难卖出

运动用品厂商火热地展开了新材料的开发，其中某一厂商发售了使用通气性良好的新材料制成的运动鞋。

该材料的特点是可以吸收穿着时的热量，带给人们"凉爽感"。因此，该厂商为店铺提供了"商品体验"，努力致力于新商品的宣传。

《高尔夫球棒袋的陈列例》

滞销的陈列

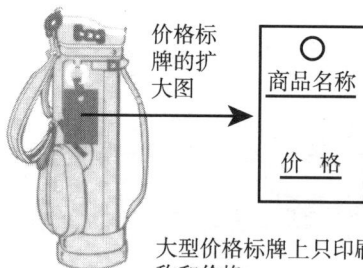

价格标牌的扩大图

○

商品名称

价 格

大型价格标牌上只印刷有商品名称和价格。
顾客无法得知商品的特点，因此也很难产生兴趣。

畅销的陈列

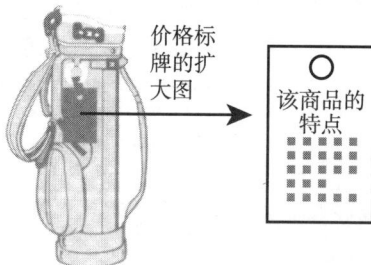

价格标牌的扩大图

○

该商品的特点

在商品价格标牌的背面印刷商品的特点，引起顾客的兴趣。

图 2-2　需要更加详细地说明商品

　　"商品体验"同时提供了两组商品，一组是使用普通材料的运动鞋，另一组是使用新材料的运动鞋，这样就能方便顾客亲自体验新材料所带来的"凉爽感"。

　　此外，一家男士服装厂商发售了不容易起皱的西服。

　　为了让顾客亲自体会到该西服不容易起皱的特点，该厂商同样选择了为卖场提供"商品体验"。

　　让顾客亲自揉搓布料，体验到其不容易起皱的特点。

　　此外还可以更加灵活地利用价格标牌。有些商品上挂着大型价格标牌，却没有得到有效的利用。

　　比方说，高尔夫球棒袋上挂着的价格标牌。

　　厂商觉得商品的功能一目了然，因此只在上面印刷了商品名称和价格。

　　而如果在反面印上商品功能的话，感兴趣的顾客应该也会有所增加。

3　让商品的区别一目了然

　　前文中已提到过商品陈列时销售规划全方位化的重要性（请参照 Part 1 中的"8　不受常理束缚的新颖陈列引人注目"一节），增加商品种类可以扩大选择余地，但同时也会带来让顾客难以选择的弊端。

043

如果想不出有效的对策，那么增加商品种类的效果也将大打折扣。

多功能的高科技产品等商品难以让顾客挑选，此类商品仅仅是陈列于柜台中是无法让顾客知晓功能差异的。

因此需要制作比较型 POP 广告。

厂商应该制作将各种功能列成一览表的 POP 广告，并将其应用于所有机型。

比方说，将价格标牌制作成同样的格式（参照图 2 - 3）。

如果还能统一价格标牌的置放位置（比如说置放于商品右下方）的话，陈列看上去就会更加整齐，更加方便顾客选购。

如果是大型连锁店的话，这类 POP 广告一般是由零售店自己制作的，但如果由厂商提供给店铺的话可以更快地达到彻底的统一。

◎营造出选购乐趣的 POP

与比较型 POP 类似的有分类型 POP。

这也是让种类丰富的商品更易分类，帮助顾客进行挑选的 POP 广告之一。

比方说，咖啡等饮料的陈列中，热饮用红色价格标，冷饮用蓝色价格标。这是最典型的例子。

《PC厂家的比较型POP广告例》

滞销的陈列

价格标牌的格式不一，顾客难以对商品进行比较。

畅销的陈列

所有机型统一使用同样的价格标牌，商品的区别一目了然，方便顾客选购。

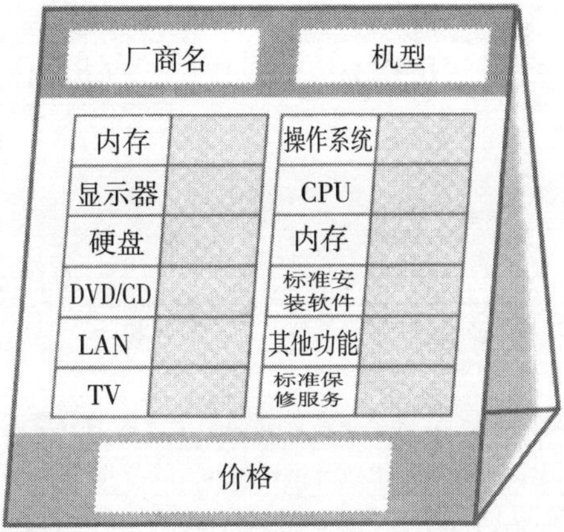

厂商名		机型	
内存		操作系统	
显示器		CPU	
硬盘		内存	
DVD/CD		标准安装软件	
LAN		其他功能	
TV		标准保修服务	
价格			

图2-3　通过"比较型POP广告"使商品的区别一目了然

　　图2-4是OA办公用纸的例子。　价格标上划有各种颜色的横线更加方便顾客选购。

《OA办公用品厂商的打印用纸例》

滞销的陈列

价格标牌的大小和颜色杂乱不一，顾客难以选择。

畅销的陈列

在价格标牌上插入各种颜色的横线便于顾客选择。

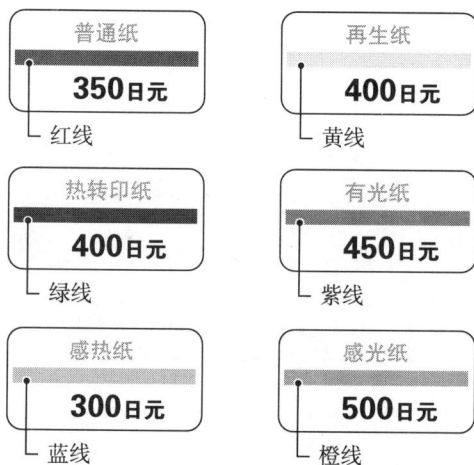

普通纸	再生纸
350日元	**400**日元
└ 红线	└ 黄线

热转印纸	有光纸
400日元	**450**日元
└ 绿线	└ 紫线

感热纸	感光纸
300日元	**500**日元
└ 蓝线	└ 橙线

图 2-4　让种类繁多的商品易于选购的分类型 POP

有些商品使用图画文字的 POP 广告来展示材料、设计、效果的区别，这能让顾客更加乐于选购。

◎自家商品的魅力是否因为难以选购而黯然失色了？

在进行销售规划全方位化时，这一对策是必不可缺的。

总之，易于选购的商品可以满足顾客"从一大堆商品中挑选出自己喜欢的商品"的购物心理。 难以选择的陈列很难让顾客产生兴趣。

厂商也需要积极地使用各种方法让顾客乐于选购商品。 方法之一即是比较型 POP 和分类型 POP。

4　有效利用宣传手册　取得五倍的效果

厂商应该在宣传手册的使用方面多下点工夫，这样的话有时可以取得特别的效果。 我知道某一护理用品厂商就灵活应用了自己的宣传手册。

该厂商在皮革制品护理工具的宣传手册上登载了使用该厂商品保养皮具的方法。 四种商品的照片整齐地展现在顾客眼前（请参照图 2 - 5 ）。

到此为止还只不过是普通的宣传手册，然而该厂商使用手册的方法十分新颖。 商品的陈列正是以这一手册的图例为基准的。

卖场货架上商品的陈列方法与手册里的照片一模一样。

当然，宣传手册也置放于卖场中，顾客可以自由取阅并带走。

顾客可以一边将宣传手册和实物进行对照，一边挑选商品。

这种陈列十分便于顾客选购，顾客也会觉得颇有
意思。

滞销的陈列

商品随意置放于货架上，上面蒙着一层灰尘。

畅销的陈列

用途1 解说保养方法的宣传手册

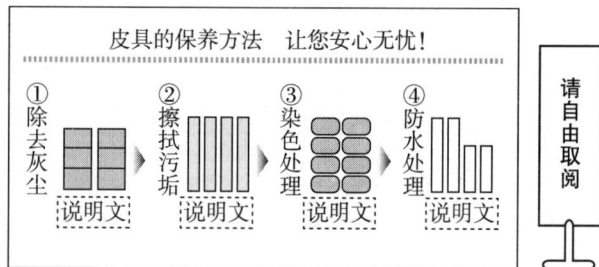

皮具的保养方法　让您安心无忧！

①除去灰尘　说明文
②擦拭污垢　说明文
③染色处理　说明文
④防水处理　说明文

请自由取阅

用途2 可以将宣传手册作为陈列的基准

用途3 可以通过宣传手册向零售店宣传商品的相关知识

用途4 可以作为店铺内的POP广告

用途5 便于携带的卡片型宣传手册也广受顾客的好评！

图2-5　有效利用宣传手册　取得五倍的销售效果

048

而宣传手册也可谓得到了 100％ 的有效利用。

营销人员可以将该宣传手册应用于产品销售，同时也能有效地向零售店负责人提出促销方案。

如上所述，只要在宣传手册方面多下工夫，就能将其有效地应用于诸多方面。

5　顾客看不到商品内容就无法产生兴趣

很多厂商容易抱有先入之见，认为顾客应该和自己一样了解自己的产品，这使得他们在陈列商品时对商品的说明不够充分，让顾客难以挑选。

比如说，有些商品会带有一些小附件。

有的小型家电会有"附定时器"、"附延长线"的商品。

而如果顾客无法从外包装上一目了然地看到这些附件的话，也就无法得知该商品的特点。因此有必要让顾客能够一眼看到商品所带的附件。

如果有特殊情况无法展示附件，也应该陈列出样品，让顾客亲眼看到或者是亲手摸到附件部分。

现在某些店铺内有许多让顾客看不到内容、摸不着头脑的商品。

这样的商品是无法引起顾客的兴趣的。

厂家进行宣传活动时，有时会为商品附上赠品。

《小型家电例》

👆 **滞销的陈列**

ELECTORICAL XXXX

附定时器
附延长线

ELECTORICAL XXXX

附定时器
附延长线

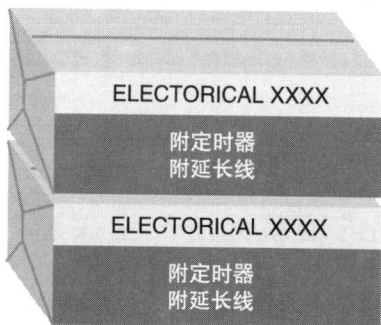

尽管附有定时器和延长线，但是从外包装上看不到里面的商品内容，因此顾客无法得知。

👇 **畅销的陈列**

ELECTORICAL XXXX

附定时器
附延长线

ELECTORICAL XXXX

附定时器
附延长线

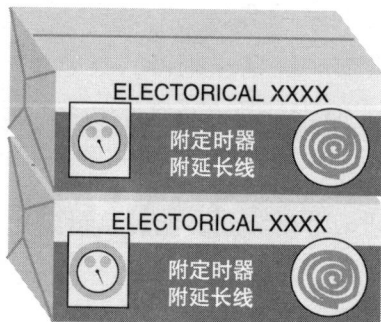

从外包装上可以看到商品内容，顾客便能得知商品附有定时器和延长线。

图2-6 顾客看不到商品内容就无法产生兴趣

　　一般来说，赠品也应该让顾客一眼能够看到。 比方说，有的罐装啤酒附赠了餐巾纸，顾客在旅行时可以用来擦手，可以说是考虑得极其周到的赠品。

　　在店内陈列商品时，要注意让顾客能够看到这类赠品。

050

6 "畅销品"引发顾客的兴趣

人气商品能够引起顾客的兴趣。因此，厂商可以考虑在店内展示出商品的人气。

方法之一是畅销排名榜的样品展示。

请看图2－7，这是某一礼品店展示的畅销排名榜。

该店分别展示了三种用途（法事返礼、出生贺礼、结婚贺礼）的商品中销量前五名的商品。

对犹豫不决的顾客来说，这是最方便快捷的信息。

该柜台是样品展示柜，实际销售的商品则陈列于其他陈列台。

因此，该展示柜台引起顾客的兴趣后，还需要贴挂POP指引，这样才能与实际的销售挂钩。

可在POP上标明"商品说明和柜台信息请询问工作人员"。

需要注意的是，尽管使用样品展示了畅销排名榜，但如果顾客找不到该商品陈列在哪儿的话，则还是无法增加销量。

此外，如果在POP上注明产品受欢迎的原因的话，效果会更佳。

在展示样品的同时，还需要在POP方面多下工夫。

《礼品类例子》

滞销的陈列

- 想要销售什么
- 什么最畅销
  陈列中没有注明任何信息

畅销的陈列

通过展示畅销排名榜为顾客提供信息

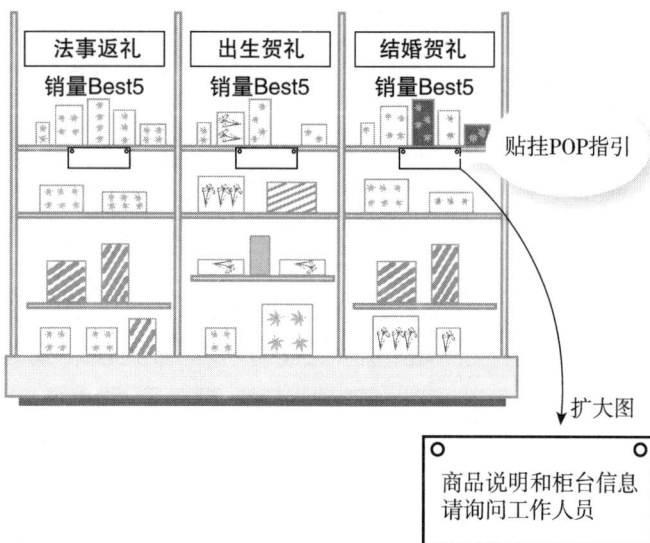

法事返礼	出生贺礼	结婚贺礼
销量Best5	销量Best5	销量Best5

贴挂POP指引

扩大图

商品说明和柜台信息
请询问工作人员

图2-7　展示畅销排名 营造人气氛围

7　等待的时间是体验商品的绝好机会！

如何让来店的顾客尽量多地看到商品、对商品产生兴趣是极为重要的课题。 延长顾客的停留时间（留在店铺中的时间）也是方法之一。

那么，如何才能延长顾客的停留时间呢？

方法有很多。 比方说，食品超市的话可以将主通道设计得方便顾客行走，让顾客可以注意到各种各样的商品。

或者可以建立顾客沙龙，让销售人员亲切耐心地接待顾客，从而销售高额商品等。

◎利用顾客的等待时间，提高店铺和商品的独特性

有些行业在销售商品之际需要顾客等待一段时间，我们可以有效地利用这段时间。 比如说，汽车用具店销售轮胎时，由于要更换旧轮胎，顾客需要等待装卸轮胎的时间。

此时，是否仅让顾客看看电视，翻翻报纸，无聊地度过这段时间就行了呢？ 对商家来说这是不应该的。因为这段时间是让光临店铺的顾客关注轮胎之外的商品的绝好机会。

比方说，在等待室附近设置一个"商品体验柜台"，应该会引起不少顾客的兴趣。

在此希望读者们不要有所误解。

虽然前来购买轮胎的顾客并不会因为一时冲动而买下汽车导航系统，但重要的是让顾客看到你的商品，试用你的商品，并对其产生兴趣。

这样的话，当顾客将来有需要的时候，或是想要购买类似产品的时候，就极有可能选择您的商店、您的商品。

这就涉及到商品的独特性，以及店铺的独特性问题。

◎等待室是绝佳的信息提供空间

等待室是向顾客提供信息的绝佳空间。

除了"商品体验柜台"以外，还可以利用各种各样的方法。

比如下例所示。

- 介绍附加服务（维护保养等）
- 通过 DVD 影像等宣传新商品等
- 设置样品台，让顾客看到样品、试用样品

......

总之，我们应该有效地利用等待室周围的空间。

《汽车用品例》

滞销的陈列

顾客无聊地打发等待作业的时间。

等待室平面图

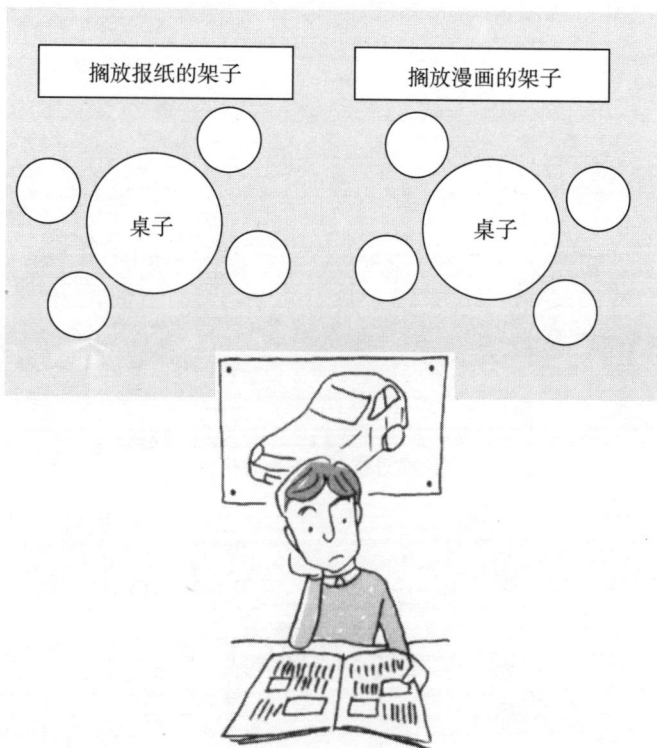

| 搁放报纸的架子 | 搁放漫画的架子 |

桌子　　　　　桌子

图2-8　等待的时间是体验商品的绝好机会①

055

《汽车用品例》

畅销的陈列

让顾客在等待的时间里看到、尝试使用别的商品，引起
顾客的兴趣。

等待室平面图

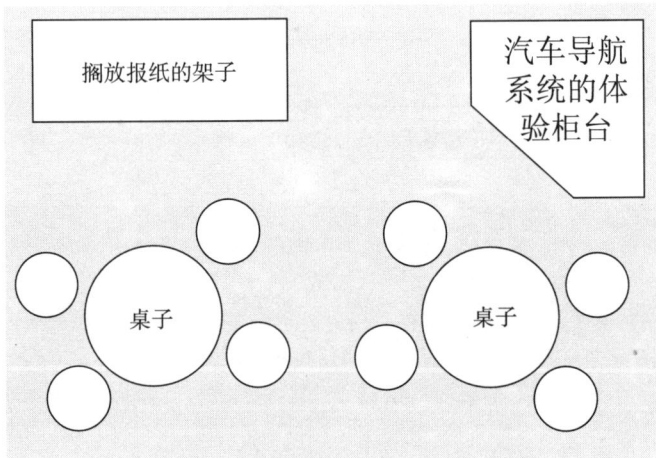

搁放报纸的架子

汽车导航
系统的体
验柜台

桌子

桌子

汽车导航系统的体验柜台

图2－9　等待的时间是体验商品的绝好机会②

8   难以选择的陈列无法引起顾客的兴趣

从各种商品中挑选自己喜欢的商品，会让顾客乐在其中。 那么应该怎样营造出这种气氛呢？

《**手表例**》

滞销的陈列

顾客并不一定按照品牌挑选商品，但店内的商品是按照品牌进行陈列的。

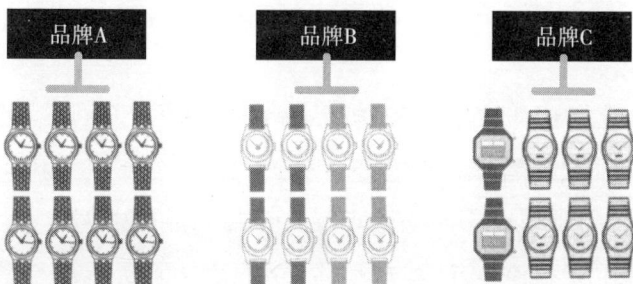

品牌A	品牌B	品牌C

畅销的陈列

针对顾客挑选商品的方式调整分类，按照类别进行陈列。

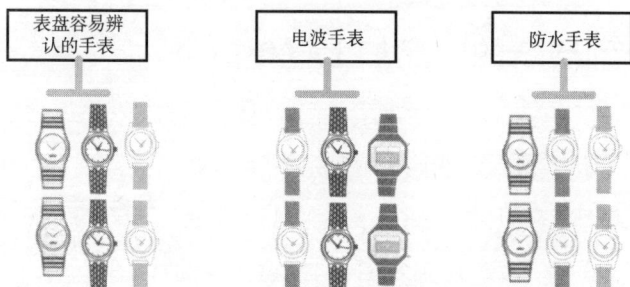

表盘容易辨认的手表	电波手表	防水手表

图 2-10   陈列中的分类是否符合顾客的挑选方式？

最重要的是需要将商品陈列得方便顾客选购。

您所负责的商品或柜台是否真正做到了方便顾客进行选购呢？

我想很多人都会回答"是的"。

然而很多时候从顾客的角度来看，商家只不过在柜台里摆放了一堆"单品"而已。 为什么会出现这一意见分歧呢？ 其症结在于商家在陈列商品时的分类方法是"按品牌分类"。

很多时候这种分类方法与顾客挑选商品的方式并不相符。

比方说厂商将手表按品牌进行陈列，而顾客在选购手表时也许是依据功能来挑选，他们更加注重的是表盘是否容易辨认等手表的特点，而并非品牌本身。

也就是说，销售方不应该仅仅为了便于自己管理而分类，而应该采用适合顾客的选购方法。 这样才能更加方便顾客挑选商品。

9 为展示的商品加上宣传口号

即使厂商绞尽脑汁将商品展示在顾客面前，但如果不能让顾客明白"商品的魅力是什么"、"商品的卖点是什么"的话，也无法引起顾客的兴趣。

即使商品展示本身做得再漂亮，如果没有附加信息

058

的话顾客同样也产生不了兴趣。

那么应该如何改善这一点呢？ 不妨试着为展示的商品加上宣传口号吧。

《文具例》

滞销的陈列
将漂亮的商品展示于顾客面前，但顾客无法得知其用意。

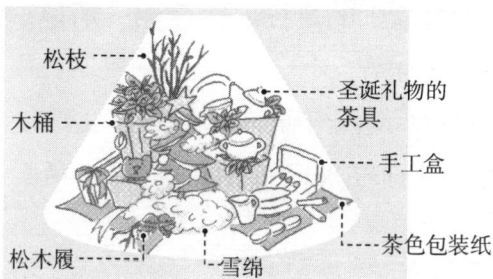

松枝

木桶

圣诞礼物的茶具

手工盒

茶色包装纸

松木履

雪绵

畅销的陈列
在POP上注明宣传口号，吸引顾客的注意。

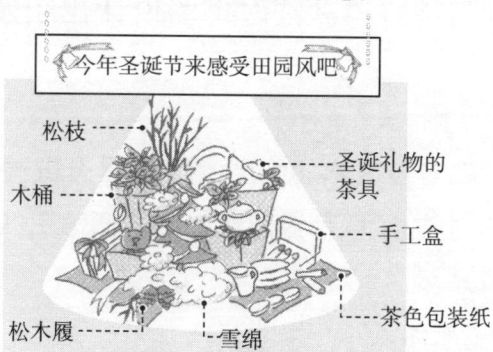

今年圣诞节来感受田园风吧

松枝

木桶

圣诞礼物的茶具

手工盒

茶色包装纸

松木履

雪绵

图2-11　试试为展示的商品加上宣传口号

059

阅读本书的读者一定发现了本书中的各项内容都有自己的标题，正文中也出现了各种小标题。

读者从标题就能了解到正文的概要。

商品展示的宣传口号与标题的作用类似。 通过这一口号可以引起顾客的兴趣。

具体地说，我们可以将宣传口号制作成 POP 广告。

因为其起到的是标题的作用，所以必须使用广告牌或者是价格标牌。

而且必须悬挂于显眼的位置。

最好悬挂在展示商品的前方，高度与顾客的视线持平。

◎如何设计趣味横生的宣传口号

具有冲击力的宣传口号都有一定的基本模式可循。

利用这些模式，您也能设计出引发顾客兴趣的口号。

●"谈话式"口号

"您有过这样的经历吗？"此类宣传口号可以直触顾客的内心。 让顾客怦然心动的话语定能紧紧吸引住顾客的目光。

●"新闻式"口号

"在各大媒体中掀起了热潮！"顾客往往会注意到这种新闻式的情报信息。

这类让顾客觉得错过会很可惜的宣传口号可以引起顾客的兴趣。 使用报纸新闻的标题等也能带来明显的效果。

基本类型	宣传口号例子
谈话式	您是否因为〇〇而困扰呢？
新闻式	成功地从产地引进高品质商品
建议式	用火锅说话
顾客对话式	为什么妈妈的手一直都那么嫩滑？
推荐式	最适合梅雨时节的防雨商品

POP
设计怎样的宣传口号
才最合适？

图2－12　如何设计趣味横生的宣传口号？

●"建议式"口号

"享受您的庭园派对"，以动词为重点的宣传口号能给顾客带来极好的建议。

061

而如果使用"庭园用品专柜"的话，就无法感受到厂商提供的建议。

●"顾客对话式"口号

用顾客群的日常对话代替厂商的话语作为宣传口号可以让 POP 广告妙趣横生。

●"推荐式"口号

"正当肥鱼味美的佳季"，在推荐特定商品时使用这类宣传口号也颇有效果。 特别是当挑选商品的顾客犹豫不决时，不妨直接向其推荐"这一商品很不错"。

Part 3
唤起需求的陈列
Desire

Point

- 营造季节感
- 将潜在需求转化为销售额
- 让顾客看到商品的特色
- 能够试用的商品陈列可以唤起顾客的购买欲望
- 标识牌是店内促销的强力助手
- 将剩货打造成人气商品的方法
- 唤起顾客购买欲望的三大绝招
- 绚丽多彩的陈列让顾客心动
- 巧妙地提供信息唤起顾客的购买欲望

1   营造季节感可以唤起顾客的需求

季节的变化是唤起消费需求的重要因素。

我们需要在店内使用一些小技巧唤起顾客的季节性需求。

因此，有必要营造出店内的季节感。

为此可以使用"哇！夏天来了"、"冬日准备 OK"等口号。

厂商不要把一切都交给零售店打理，而应该自己主动营造产品的季节感。

当最适合贩卖自家商品的季节到来时，要积极地提出各种方案，比方说将商品大量陈列于端架空间①，或是在橱窗中展示商品等等。

季节性商品的原则是"早生产"、"早贩卖"、"早抛售"。 注意要比竞争对手更早地进行店铺活动的提案，并且争取早日上货。

重点是走在季节需求的前面。

比方说，适合夏日的"凉面"的需求高峰并不是盛夏时节，而是在初夏5、6月份。

比竞争对手更早卖出商品很重要。

此外，在季末抛售库存商品时，有些商品也需要提前进行。

综上所述，早日开展店铺活动是极为重要的，如果起步晚的话则很容易错过热销季节，带来不可弥补的严重损失。

◎非季节性商品也能通过厂家的设计来营造出季节需求

非季节性商品应该如何营造出季节感呢？

---

① 端架空间是指量贩店商品陈列架末端部分的特别陈列空间，此空间较吸引顾客的目光。——译者注

我们绝不能就此放弃。

想要在店内营造出此类商品的季节感，我们可以有效地利用商品和包装的颜色。

比方说，全年通用的商品如果将包装颜色设计成清凉的色彩，也能营造出夏日的感觉。如果将这种颜色的商品大量陈列于端架空间的话，就可以营造出夏日的清凉感。

某一食品厂商将箱型包装的四面设计为一面春色、一面夏色、一面秋色、一面冬色，通过应用四季色彩，使商品容易营造出季节感。

当然，重要的是将该商品信息提供给零售店，同时也需要重视营销人员的店铺跟踪工作。

除了颜色以外，也可以考虑富有季节感的商品名称等各种方案（比方说，给人以夏日海洋感觉的蓝宝石）。

像这样，非季节性商品也能设计出带来季节感的方案。

不妨动动脑筋思考一下吧！

2　如何将潜在需求转化成销售额？

对厂商来说，卖场中的陈列、展示和 POP 广告等是最为有效的促销方法，然而最近这些方法还被赋予了新的使命。

即在经济增长停滞的状况下唤起消费者的消费需求。

在物质充裕的成熟型社会，厂商必须积极主动地开创新需求。 这可谓是一个老生常谈的话题了，但最近这一点变得尤为重要。

为此，我们有必要提出新的主题生活，同时还需要重视日常生活中的各种主题模式。 主题型店铺的建设已经刻不容缓。

◎女士腰带厂商通过突破行业常识的陈列法与其他产品进行区别

下面是某家女士腰带厂商的事例。

其客户主要是全国各地的百货店，有一天，厂商展开了女士腰带的全方位销售规划。

该厂商提出了休闲生活的主题，销售各种休闲风格的腰带。 由于腰带多种多样，以往的店铺陈列无法让顾客理解品牌的主题。

于是，该厂商采取了使用自己特有的陈列方法的战略。

以往的陈列方法是将腰带悬挂陈列，而该厂商将腰带缠绕成一圈，或是搭配衣服进行展示，这样就使腰带卖场的面貌焕然一新。

布置店铺的基本原则是让店铺的展示与陈列能够使顾客联想到实际使用商品时的生活场景。

因此，该厂商弃用了悬挂腰带的旧习，开发了全新的陈列方法。

只看到商品的话不容易联想到休闲生活，于是该厂商将主题延伸至卖场中的柱子，在柱子上张贴了欧洲休闲胜地的照片。

自不用说，通过这种方法营造出了强烈的休闲氛围。

该女士腰带厂商通过这种方式成功地建设了主题式店铺。

◎设计让顾客联想到美好生活的品牌 POP

建设主题式店铺的重点是让顾客立刻联想到该生活场景，然而只陈列商品的话很难引人注目。如果顾客不仔细琢磨的话就无法理解店铺的主题，因此店铺难以在瞬间吸引顾客的注意。事实上这样的店铺不在少数。

此时，我们可以学学上述女士腰带厂商的做法，使用照片可以有效地让顾客联想到生活场景。

将此类照片作为商品展示和陈列的背景，就有可能设计出让顾客一目了然的主题。另外，厂商还需要向卖场提供必要的道具。

◎让店铺优先展示自家商品的厂商提案

时尚服装最重要的是搭配方案，而卖场不一定优先展示自家商品，也不一定能够提出各种搭配方案。

因此，某一服装厂商将本品牌的搭配例汇集成照片集，并提供给零售店客户。

当然该照片集不仅是提供给卖场的工作人员，顾客在购物时也能够看到。除了商品以外，照片集里还选有让顾客联想到生活场景的风景照。

比方说休闲场景、商务场景、运动场景等等，照片集并非单纯的服装搭配，而让人能够感受到生活主题。

在提供了这种搭配照片集后，主动展示该品牌的店铺迅速增加了。

正如图2-5所提到的宣传手册成为陈列的基准一样，店铺内的展示也参考了该照片集内的搭配。

图3-1是某一钟表厂商的主题展示标准例。

主题式卖场建设有许多不同的方法。您的商品也不妨试试吧！

3　当顾客看到商品的特色时自然想要购买

想要让商品吸引顾客的眼球，使顾客情不自禁地想要购买，最好的方法是亮出商品的卖点。为此大胆地改变展示方法也是有效的方法之一。

《钟表厂商的生活主题例》

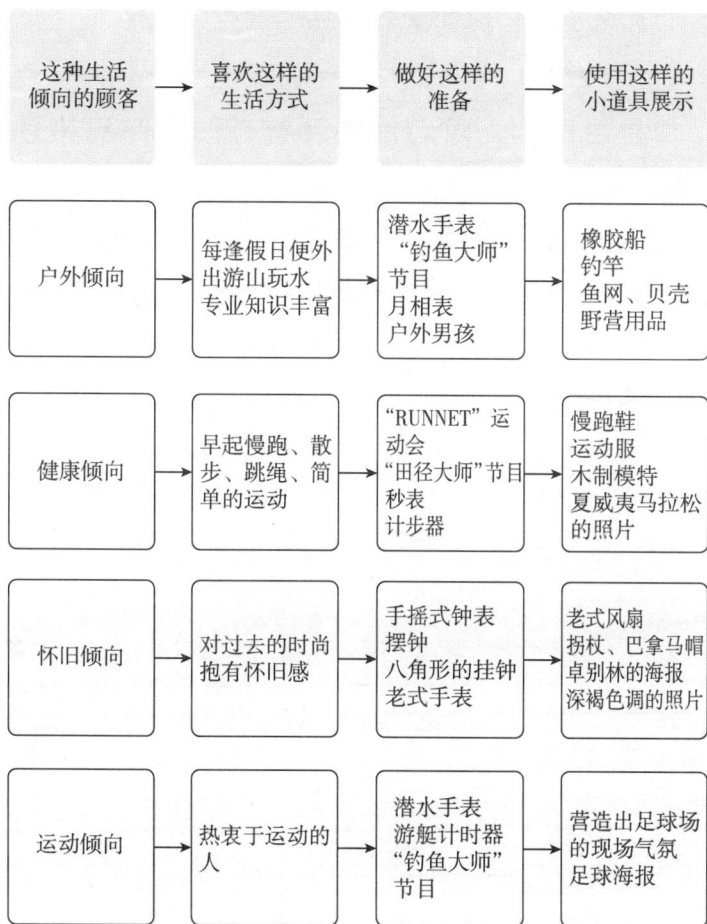

这种生活倾向的顾客	喜欢这样的生活方式	做好这样的准备	使用这样的小道具展示
户外倾向	每逢假日便外出游山玩水 专业知识丰富	潜水手表 "钓鱼大师" 节目 月相表 户外男孩	橡胶船 钓竿 鱼网、贝壳 野营用品
健康倾向	早起慢跑、散步、跳绳、简单的运动	"RUNNET"运动会 "田径大师"节目 秒表 计步器	慢跑鞋 运动服 木制模特 夏威夷马拉松的照片
怀旧倾向	对过去的时尚抱有怀旧感	手摇式钟表 摆钟 八角形的挂钟 老式手表	老式风扇 拐杖、巴拿马帽 卓别林的海报 深褐色调的照片
运动倾向	热衷于运动的人	潜水手表 游艇计时器 "钓鱼大师"节目	营造出足球场的现场气氛 足球海报

图 3-1　唤起潜在需求的生活主题十分重要

　　比方说，内衬设计得极具特色的大衣不妨大胆地摊开衣服，让顾客看到内衬。

鞋底有特色的慢跑鞋可以将鞋底展示在顾客面前。

大胆的展示可以彰显出商品的卖点。

◎是否已让光顾店铺的顾客理解到商品策划的用意？

某家钟表厂商发售了一款可以从里盖看到内部构造的手表。

然而，表盘朝上的普通陈列方法无法让顾客看到里盖的特殊设计。

但是也不能因为这样就将手表反面陈列，否则就看不到表盘的设计了。

手表是高价商品，因此陈列于展柜中，顾客也无法将其拿到手中观摩。

刚进入商场时，这款手表的销量平平。

因此厂商引进了陈列辅助工具，以便让顾客能够看到手表的里盖。

该厂商利用亚克力制的展示台，将手表稍加抬起，并在下方安放了一枚镜子。从镜子中可以看到里盖的特殊设计（请参照图3-2）。

在引进这种亚克力展示台后，这款手表的销售额也顺利得到了增长。

不少商品的创意十分新颖，但由于无法让顾客理解其卖点，所以很难让顾客产生购买的欲望。

我们需要让顾客更容易注意到商品的卖点。

《从里盖看到内部构造的手表例》

滞销的陈列

使用一般的陈列方法，因此顾客无法得知从里盖可以看到内部构造的特殊设计。

畅销的陈列

从下方的镜子可以看到里盖，让顾客了解商品的特点。

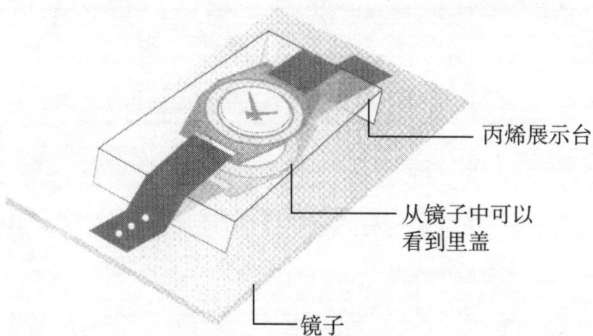

丙烯展示台

从镜子中可以看到里盖

镜子

图3-2　这样陈列能让顾客得知商品的特点吗？

◎提议让零售店陈列实际使用的产品能让销售额倍增

对于可动型商品可以试着让其活动起来，这样展示效果更佳。

用商品的卖点吸引顾客也是目的之一，同时富有动作的商品更容易吸引顾客的目光。

东京手工业区的某一中小企业主要生产各种奇特的饰品杂货，最近该公司发售了一款使用太阳能电池的风车模型。

这种风车的特点是旋转速度轻缓怡人，然而销量却一直不容乐观。

该厂商调查了店内的实际情况后，发现风车被一动不动地陈列于货架上。

这样就难以体现出商品的卖点。

转动的风车才是真正的风车，因此社长亲自参与店铺营销，在卖场展示了旋转的风车。

功夫不负有心人，销量终于有所上升。

这家手工业区的中小企业拥有专业的杂货生产技术，对自己的产品有着绝对的自信，但这一次也深刻认识到店头行销的重要性。

不仅仅是可动型商品。卖点是声音的商品应该在陈列时发出声响，卖点是光亮的商品应该让顾客看到商品实际发光的状态。我们需要通过各种方法秀出商品的卖点。

◎半开的外包装可以让顾客试用商品

有些商品因为包装不合适而导致顾客无法得知商品的卖点。 比方说文具用品类。

如果将剪刀全部包装好的话，顾客就无法拿到手上试用了。

通过调查得知，剪刀的刀刃部分的确需要有包装，但是如果去掉把手部分的包装，让顾客亲自握住剪刀试试手感的话，购买率将会有所上升。

工具类商品亦是如此。 比方说就算不能全部试用，至少也要设计得可以试试锤子的握感，这样才能让顾客明白商品的卖点。

需要进行全包装还是半包装，这点要依据商品而定。

4 不能试用商品的陈列无法吸引顾客

网店等虚拟店铺无法让顾客实际看到或是接触到商品，而实体店可以做到这点，这正是实体店的优势。

这也是顾客特意光顾商店的原因之一。

然而实际上，不少商品包装得过于严实，让顾客无法亲自拿在手上体验商品。 有些商品的确需要密封包装，否则会造成商品的损坏，但这类商品必须陈列有样品。

有些零售店也会进行样品陈列，不过厂商应该在商品上市的同时就向零售店提供专供展示的商品样品，这

073

样能使样品陈列的效果更佳。

比方说，某一男士衬衫厂商在商品上市的同时向卖场提供了"商品样品"和 POP 广告（参照图 3 - 3）。

《男士衬衫厂商例》

滞销的陈列

商品已经包装好，因此顾客无法亲手摸到商品。

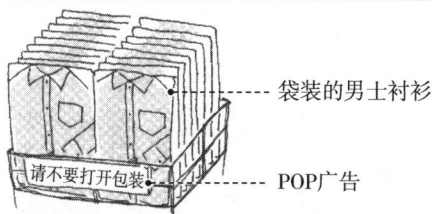

袋装的男士衬衫

请不要打开包装!

POP广告

畅销的陈列

让顾客看到没有包装的商品样品。

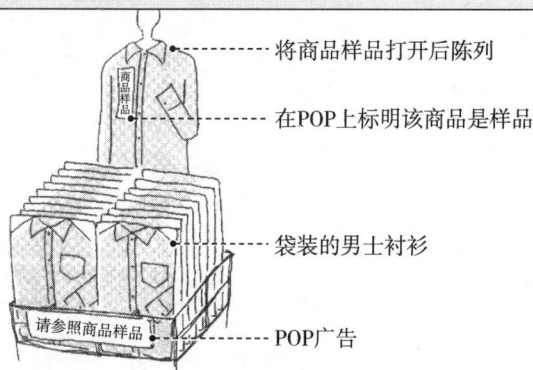

将商品样品打开后陈列

在POP上标明该商品是样品

袋装的男士衬衫

请参照商品样品

POP广告

图 3 - 3　您的顾客能够亲自接触到商品吗？

074

这样可以防止商品的损坏，更重要的是顾客可以亲自看到、接触到商品。

像这样，厂商应该积极主动地着手于样品陈列，而不要把一切都交给卖场来处理。

◎ **更加详细易懂的陈列**

我们经常在店内看到"请自由试用"的 POP。

让顾客自由试用本身是方便顾客选购的举措，这点的确十分重要。

然而从店铺的实际情况来看，真的达到了让顾客尝试的目的吗？

特别是一些高科技产品，就算让顾客自由试用，也有不少顾客觉得操作太难，不知道从哪儿下手。厂商不要仅把试用商品提供给店铺就草率了事，而应该掌握店内的试用情况，看看试用商品是否得到了充分的利用。

POP 上也不要只标明"请自由试用"，而应该做得更加详细易懂，让没有任何经验的顾客也能自由尝试。

这并不是什么很困难的事情。

比方说，图 3 - 4 在一块大广告牌上标明了操作方法和步骤，这样没有任何经验的顾客也能轻松上手试用产品。

对自己的操作没有信心的顾客就算只操作了第一步，也会感觉十分兴奋。

只有让顾客兴奋，才能激发顾客的购买欲望。

最重要是商品陈列和 POP 广告设计要做到详细易懂。

滞销的陈列

请自由试用

说是让我自由试用，可是看起来太难了，不会操作啊！

畅销的陈列

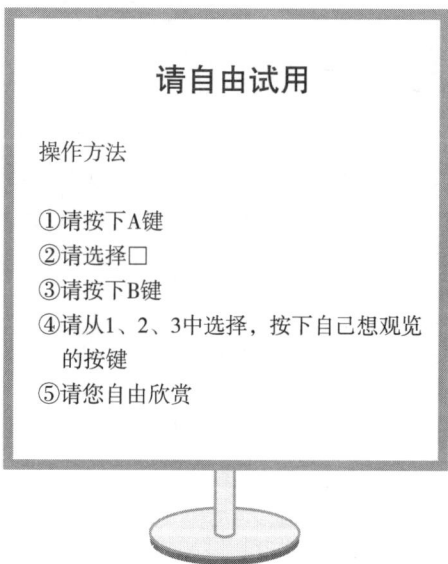

请自由试用

操作方法

①请按下A键
②请选择□
③请按下B键
④请从1、2、3中选择，按下自己想观览的按键
⑤请您自由欣赏

我也会操作了！

图3-4　更加详细易懂的陈列

让顾客亲自试用的话，可以大大增加顾客的购买欲望，这也就意味着销量的攀升。 这对所有商品来说都是适用的。

5　标识牌是店内促销的强力助手

POP 广告中最引人注目的、最富有冲击力的是标识牌。 标识牌可以有效地用于以下商品。

- 新产品
- 促销商品
- TV 广告商品
- 畅销品和热卖商品
- 重点商品

......

普通 POP 广告的主要目的是详细介绍商品的功能，而使用标识牌的目的是引起顾客的注意。 因为其多用于热销商品等，所以引人注目的标识牌可以提示顾客这些商品的陈列位置，方便顾客购买。

一些顾客看到电视商品广告后会前往商店购买，但有时顾客不容易找到该商品的陈列位置。

这样的话会使卖场与广告产生不了互动。 想让顾客一眼就能找到广告商品，标识牌是必不可缺的。 除了电视广告以外， "〇〇报纸广告商品"也具有同样的效果。

077

可有效使用标识牌的商品

新产品	NEW
宣传商品	现在购买更加实惠
重点商品	○○的推荐商品
电视广告热播的商品	电视广告播放中
广告商品	人气沸腾！
热点商品	广受媒体注目的热点商品
季节性商品	如今正是最好的时节
热销商品	热销中！

图3-5 标识牌是店铺促销的强力助手

6　将剩货打造成人气商品的方法

缺货的陈列是无法唤起顾客需求的。

一般来说，陈列商品必需营造出商品的分量感或是丰富感。

某家西洋糕点厂商的直销店一般一天只发送一次产品，因此到了店铺快关门时，冷藏陈列柜里的商品经常处于缺货状态。

这样总给人感觉是卖剩下的商品，销量自然停滞不前。

一般情况下，人们认为没法补货就只能作罢了，然而笔者建议他们在脱销的商品处张贴"售罄谢礼 POP"（参照图 3－6）。

上面写着"该商品今日已售罄。 感谢您的惠顾。明天上午 10 点开始销售"。

这样就能让顾客觉得"这家店的糕点真有人气，好吃到一下就卖光了"。

于是剩下的糕点也很容易卖出去，而售罄的糕点则摇身一变成为了人气商品，第二天开店时甚至还有顾客排队等候购买。

仅仅使用一条 POP 广告就改变了剩货的形象，甚至能够打造出人气商品。

《西洋点心例》

滞销的陈列

因无法补货而导致空柜台过于显眼，带给顾客一种卖剩下的商品印象。

从西洋点心陈列柜上方所看到的情景

畅销的陈列

张贴"售罄谢礼POP"，营造人气商品的氛围。

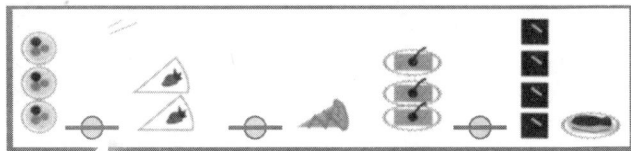

售罄谢礼POP

扩大图

该商品今日已售罄。
感谢您的惠顾。
明天上午10点开始销售。

图3-6 将剩货打造成人气商品的方法

◎通过陈列辅助道具打造分量感

店铺内的小型商品不容易营造出分量感。

特别是商品无法补货时会给人感觉分量更小，顾客的购买欲望也会随之降低。

图3-7是某家药品厂商的例子。

参考相关专家的调查结果，该厂商认为有必要让商品陈列更加富有立体感，因此研制了图3-7中所示的陈列辅助道具。

该厂商使用的是可以营造出立体感的空盒子，直接利用商品包装即可。将其置放于陈列架内侧便能带来立体感。陈列数量较少时，可以打开空盒子的盒盖，还能演绎出POP广告的效果。

仅仅做了这点改变，销量便得到了大幅度的提升。

如上所述，有些商品需要开发陈列辅助用品，比如说可以参照以下道具。

● 亚克力展台（亚克力制成的展示辅助用品）

● 截断型托盘（将包装截断做成陈列托盘）

● 隔板（防止陈列零散的辅助用品）

● 挂钩类陈列辅助用品（在衬纸上安装挂钩，可进行悬挂式陈列的道具等）

● 上置式展示台（置放于陈列架上方、提高展示效果的道具）

……

《药品厂商例》

滞销的陈列

商品体积过小，导致没有分量感。

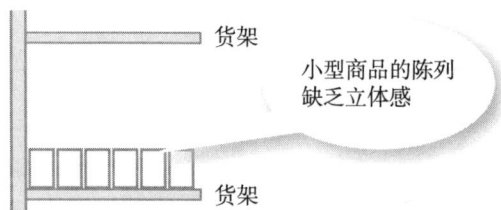

货架

小型商品的陈列
缺乏立体感

货架

畅销的陈列

使用立体的空盒子，营造出商品的分量感

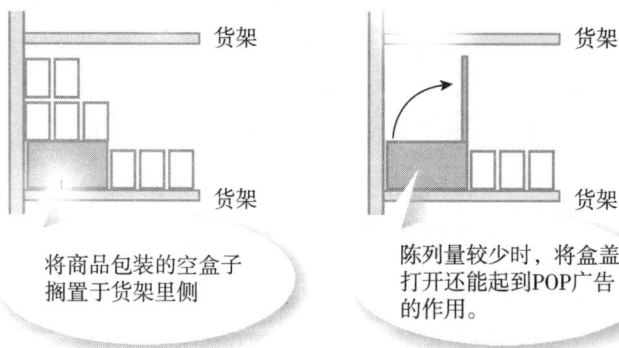

货架

货架

将商品包装的空盒子
搁置于货架里侧

货架

货架

陈列量较少时，将盒盖
打开还能起到POP广告
的作用。

图3-7　通过陈列辅助道具打造分量感的实例

7　唤起顾客购买欲望的三大绝招

什么更加畅销？什么正在畅销？与其绞尽脑汁地思考这些，不如将自己的商品打造成畅销商品。

如果能做到这点，那就可以安枕无忧了。

这并不是什么无法完成的任务。

笔者曾经通过改变店铺的布置，将销量平平的商品打造成畅销品。重点如下所示。

①集中于重点商品
②细心周到地告知商品特点
③绝对引人注目的商品陈列

①和②因商品而异。那么，③的陈列方法有哪些具体例子呢？

让我们来看看某家旅行店的例子。该旅行店决定将重点商品定为纽约的美国职业棒球大联盟比赛观赛团。

然而使用普通的陈列方法会让重点商品淹没在其他商品中，无法引人注目。

因此，该店将一个陈列台全部登载该重点商品的信息。这样自然突出了重点，销量也随之节节攀升。

厂商应该明确自己想要销售什么，然后再提出店内展示的各种方案。

《旅行店例》

滞销的陈列

美国 ✈	美国西海岸	意大利	加拿大	美国
美国西海岸	英国	**美国职棒大联盟比赛观赛团!**	罗马 ✈	巴黎
意大利	加拿大 ✈	西班牙	西班牙	罗马

重点商品淹没在其他商品中，无法引人注目。

畅销的陈列

狂热 美国职棒大联盟比赛观赛团!	狂热 美国职棒大联盟比赛观赛团!	狂热 美国职棒大联盟比赛观赛团!	狂热 美国职棒大联盟比赛观赛团!	狂热 美国职棒大联盟比赛观赛团!
狂热 美国职棒大联盟比赛观赛团!	狂热 美国职棒大联盟比赛观赛团!	狂热 美国职棒大联盟比赛观赛团!	狂热 美国职棒大联盟比赛观赛团!	狂热 美国职棒大联盟比赛观赛团!
狂热 美国职棒大联盟比赛观赛团!	狂热 美国职棒大联盟比赛观赛团!	狂热 美国职棒大联盟比赛观赛团!	狂热 美国职棒大联盟比赛观赛团!	狂热 美国职棒大联盟比赛观赛团!

陈列台上只有重点商品，让顾客明确地知道店铺想要销售什么。

图3-8 "绝对推荐!"的自信唤起顾客的购买欲望

8　绚丽多彩的陈列让顾客心动

好不容易迎来光临店铺的顾客，而有些陈列却会让顾客兴趣索然。

如果不能让顾客怦然心动的话，顾客就不会欣然解囊。

那么该怎么办才好呢？　最富有冲击力的方法是让商品陈列更加绚丽多彩。

①颜色变化丰富的商品

有些陈列并没有将商品的丰富多彩呈现于顾客面前，其原因在于各种颜色的商品摆放得过于零散。　因此重点是将同种颜色的商品集中陈列在一起。

图3－9是彩条型陈列的例子。　将每种颜色纵向排列，向顾客呈现出商品的绚丽多彩。

②颜色变化较少的商品

此类商品可以使用色彩鲜艳的包装。　将各种颜色的包装相间排列，就能打造出五颜六色的陈列。

商品本身只有一种颜色的话该怎么办呢？　我们也可能想出一些小技巧使其变得丰富多彩。　比方说，汽车轮胎的话可以盖上鲜艳的塑料轮胎罩，使陈列更加绚丽。

《颜色变化丰富的商品例》

滞销的陈列

B色	B色	C色	C色	E色
A色	A色	B色	C色	C色
E色	B色	A色	D色	D色
D色	E色	C色	B色	E色
A色	A色	A色	D色	D色
C色	B色	C色	E色	D色

各种颜色的商品摆放
得过于零乱，导致顾
客无法把握商品的颜
色变化。

畅销的陈列

A色	B色	C色	D色	E色
A色	B色	C色	D色	E色
A色	B色	C色	D色	E色
A色	B色	C色	D色	E色
A色	B色	C色	D色	E色
A色	B色	C色	D色	E色

将每种颜色纵向排列，
向顾客展现出商品绚
丽多彩的魅力。

图 3-9　绚丽多彩的陈列让顾客心动

9 店铺提供哪些信息能唤起顾客的购买欲望?

顾客希望在店内获得哪些信息呢?

比方说,登载有商品目录的商品情报自然是重要的信息。

但是仅靠这些还不足以让顾客欣然购买。 店内应该提供一些方便购物的、 与生活紧密相关的 "人工信息"。

而 "人工信息" 具体包括哪些内容呢?

我们可以将其分成两点。

第一是物理上的 "人工", 即前往日用杂货店买来材料制作 POP 广告。

而更重要的是信息本身也需要 "人工" 打造。 比方说如下例所示。

- 亲自试用商品的体验
- 与其他商品的对比
- 顾客的反馈与评价
- 与地区特性相关的信息
- 专业人士的经验谈

······

也就是说,除了厂商提供的商品目录和宣传信息以外,店铺还需要提供一些更加详细的信息。

087

◎与商品没有直接关联的信息也有效果

在店内，与商品间接相关的信息也能有效地让顾客感受到商品的必要性。

比方说以下信息。

- 地区的积雪情报→无支架轮胎的促销
- 滑雪场的积雪情报→滑雪用品的促销
- 汽车远游情报→汽车用品的促销
- 长期天气预报→季节商品的促销
- 美食馆的推荐→旅行套餐的促销

……

如果在店内使用画架来宣传这些信息的话则效果更佳。

某一女士服装店采纳了服装供销商的营销人员的建议，将一块画板作为店铺的信息板。

上面注明了当地有名的"垂枝樱树"的开花情报。

这样就能引起路过商店街的行人的注意。

其中有不少人驻足观看。

这时，女店长就跟他们打招呼，并聊起了赏花的事宜。

到此为止还没有结束。

在畅所欲言的氛围下，交流得到了不断的深入。 此时，店长向他们问："店里新进了春装，您要看看吗？"

《汽车用品例》

使用店铺的信息板提供人工信息
可以吸引顾客的兴趣

也可以使用与商品没有
直接关联的信息

滑雪场积雪情报
樱花开放的情报
汽车旅行的推荐信息
地区的活动信息
路况信息
观光情报
车赛情报
其他

与商品相关的信息

汽车的安全信息
汽车的保养信息
店铺活动信息
店铺工作人员的介绍
爱车的日常维护方法
试乘了新车
客人的涂装照片例
其他

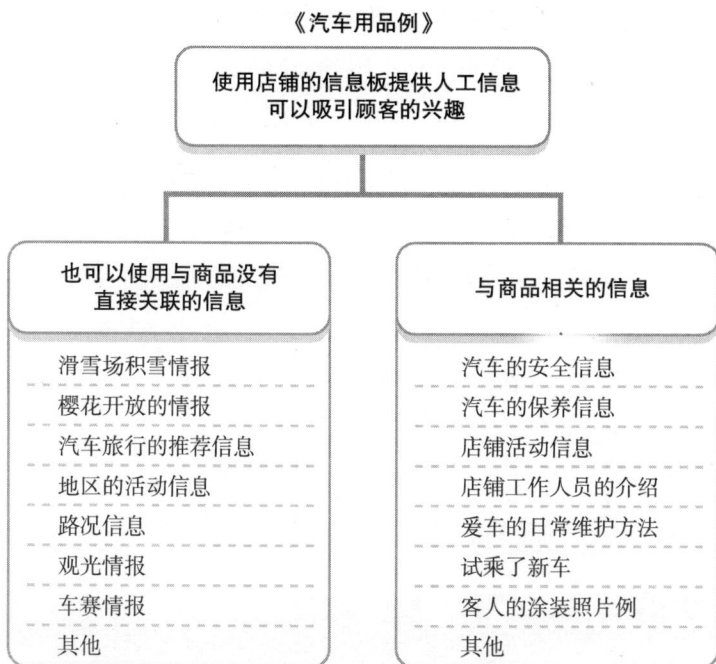

图 3－10　使用店铺的信息板提供各种信息

大多数人都会同意去看看的。

所以，只要能创造与顾客交流的机会，像这种与商品没有直接关联的信息也可以得到有效的利用。

如该例所示，店铺提供的人工信息效果颇佳。

厂商应该也会从中受到一定的启发。

我们不应该将销售的重点全都放在商品本身上，认为销量的好坏光看商品的造化。 而应该让零售店的销售人员用自己的话语去介绍商品、推荐商品。 为此，厂商需要积极地提供各种信息。

Part 4

使人信服的陈列
Conviction

Point

- 让顾客能看到生产商的"面孔"
- 不要过度相信消费者需求
- 让顾客下定决心购买的"服务指南 POP"
- POP 广告是让顾客决定购买的强力助手
- 如何展示销售的"附加价值"
- 比较型陈列让顾客拥有"自己亲自选择"的满足感
- 形象地展示顾客想要得知的信息
- 让顾客看到厂商的周到服务

1 顾客能看到生产商的"面孔"时会感觉安心

最近，顾客对安全性的追求不仅仅限于食品，而已经扩大到了所有的商品。

曾经有一段时间，顾客更加倾向于低价商品，而如今的消费者需求已经发生了显著的改变，大多数顾客愿意选择"就算价格高一点也要保证安全的商品"。 在各地的食品超市中，最受欢迎的是当地生产的安全的生鲜食品。

可以说，现在这种生鲜食品已经是食品超市必不可缺的商品了。

将当地的农家当天收获的农产品陈列于卖场的直销方式可以向顾客提供新鲜、安全的食品。

这类商品一般都在 POP 广告上印刷有生产者的姓名和脸部照片。

可谓名副其实的"看到生产商的面孔"。

除了生鲜食品以外，也有一些中小厂商生产的食品在包装上印刷了以工厂为背景的全体工人（一般也就十人左右）的照片。

包装上注明了"我们用心为您服务"。

这也是"可以看到生产商的面孔"中的一例。

◎在店内推出厂商的"用心"

然而，并不是说"看见生产商"就只有使用脸部照片这一种方法。

就算看不到生产商的面孔，也能将厂商在生产商品时的用心传达给顾客。

不仅仅是手工品和农产品，"看见生产商"对量贩式产品来说也是非常重要的。

比方说可以使用以下方法：

● 通过 POP 广告等方式让顾客看到厂商生产商品时的态度。

- 明确记载厂商负责产品的维修。
- 商品保修书上注明具体负责人。
- 从商品检验书所盖的印章中可以得知检查人员的姓氏。
- 明确记载"消费者服务中心"等投诉、咨询窗口。
- 通过 POP 广告宣传公司的历史等（请参照下页内容）。
- 介绍商品开发的评论新闻。
- 争取零售店的协助（募集），组织顾客参观工厂。
- 开展店内现场销售。
- 记载社长的"致词"、"谢词"等。

除了看到生产商的面孔以外，以上的这些方法也能让顾客"看到生产商"。

◎让顾客看到过去的成绩与历史可以提高厂商的"信用"

让我们来看看能让顾客对商品产生信心的几个方法。

品牌商品中有历史颇深的"老字号品牌"。

比方说，钟表厂商精工旗下拥有"Grand Seiko"这一品牌。

该品牌的商品于 1960 年开始发售，作为当时日本国产顶级高档手表，足以与瑞士的顶级高档手表相媲美。

生鲜食品和手工制品	→ 印刷生产商的姓名与脸部照片	优质大米 生产地○○○ 我○○○生产的大米
零售制造和工厂直销品	→ 印刷工作人员和工厂的照片	工厂直送! 生啤酒
量贩式产品	→ • 通过POP广告等将厂商生产商品时的用心告知顾客 • 通过POP广告等宣传公司的历史 • 开展店内现场销售。 • 其他	今日大甩卖

图 4-1　让顾客看到生产商的例子

　　精工只在市场发行经过日光照射、温度误差、复原误差等六项严格检查后的合格产品，如今其已跃升为享誉世界的品牌。

为了宣传包括"Grand Seiko"在内的精工发展历史及技术，厂商将从 19 世纪 20 年代到最近开发的钟表按年代顺序登载于店内的 POP 广告上。

其中不仅登载了钟表的照片，还介绍了开发这些商品时的一些小轶事。 有些顾客会驻足慢慢欣赏，当然也有些顾客只不过瞟一两眼而已。 但是总的来说，这种方法巧妙地宣传了公司的历史和技术高度。

还有不少品牌的卖点是"纯手工制作"。

不过最近就算打出"纯手工制作"的口号，也会因为同类商品太多而失去冲击力。

因此，将厂商的发展历程按照年代顺序制作成 POP 广告是有效的宣传方法。 比方说，明治元年……创业，大正〇〇年……成为宫内厅用品承办商，等等。

这样的 POP 广告会带给顾客一种该厂商专注于手工制造，以信用与技术为卖点的印象。

2　有时会误解消费者需求

商品的低价化的确会给消费者带来利益，也的确能够唤起一定的消费需求。

然而价格战争无论是对厂商来说，还是对流通机构来说都会消耗企业的实力。 在经济与经营方面还会产生严重的通货紧缩等负面效果。

一旦降低商品的价格，廉价商品的印象就会在消费者的心中扎根，之后很难再恢复到原有的价格水平。某一时期快餐店内愈演愈烈的汉堡包价格战争正是其代表例之一。

此外，消费者对廉价商品抱有一种"尝试体验"的心态。他们会尝试购买一些低价的商品，但最终还是更多地选择正价商品。

如今，食品等消费领域的消费者需求发生了显著的改变，大多数顾客愿意选择"就算价格高一点也要保证安全的商品"。总之，消费者需求两极分化的倾向愈来愈明显。

即追求"低价"的消费者需求与重视"品质"的消费者需求。

和美国一样，日本的收入差距也在急速扩大，厂商有必要根据各个收入阶层制订不同的市场战略。

◎启发消费者的店铺宣传方法

在这一大环境下，想要提高做工精细、附加价值较高的商品销量，生产商必须致力于提高消费者的选择品味。

其方法有很多，卖场中最有效的方法之一是"迷你讲座"，通过讲座的形式向顾客宣传商品的特点。

但是零售店很难凭借一己之力开展这类讲座，此时就需要厂商的支援了。 东京的制鞋厂商 A 公司发售了一款重视舒适度与功能性的慢跑鞋，该款鞋很适合抱有大脚趾外翻等烦恼的消费者。

为了向顾客介绍这款鞋的特点，厂商在各大店铺召开了"脚与鞋子的健康讲座"。

该厂商向各大零售店派遣了公司的专业讲师。

举办讲座的零售店通过邮寄广告的方式募集参加者，每场讲座约有十人参加，讲座在零售店的柜台举行。

如果租借会场组织大规模的讲座的话，容易让人误解成强行推销或是恶意行销，因此在柜台组织少量顾客，以"迷你讲座"的形式进行效果较佳。

讲师讲授 30 分钟左右，之后为参加者进行个别咨询。

许多参加者向讲师咨询了烦恼的原因与对策后都心存感激。

这款鞋的销售价格均在一万日元以上，但也有参加者一口气就购买了两双。

A 公司通过这种方法启发顾客得知自己商品的长处，从而促进了销售额的增长。 零售店的开销也仅限于邮寄给顾客的明信片，可以说性价比是十分高的。 因此零售店往往会欢迎这种形式的迷你讲座。

◎启发消费者的陈列

A 公司在该款鞋的陈列方面也下了一番工夫。

厂商在店内宣传展示了挑选鞋子的重要性。

如图 4－2 所示，厂商在 POP 广告中摘取了报纸和杂志中介绍脚部相关健康知识的新闻。

《慢跑鞋例》

滞销的陈列

该款慢跑鞋的特点是重视舒适度与功能性，但普通的陈列方法无法让顾客得知这一特点。

畅销的陈列

- 可以将报纸、杂志的新闻用于POP广告
- 同时还可以展示相关书籍
- 放映DVD宣传影像
  通过这些方法热情详细地告知顾客商品的特点。

图 4－2　改变顾客选择商品的认识的陈列

同时还展示了挑选鞋子和脚部健康的相关书籍。

此外 A 公司还制作了 DVD 宣传影像，在店内放映给顾客看。

通过这些努力，让顾客学习到挑选鞋子的相关知识，同时这款鞋子的回头客也有所增加。

过去顾客挑选鞋子的标准是价格，而如今这种追求低价的认识也逐渐得到了改变。

我们必须在店内努力进行这种市场推广，这样才可能促进高价商品的销量。

如果店内的说明不够充分的话，就会落得跟以前一样，只能卖得出低价商品。

3　让顾客下定决心购买的"服务指南 POP"

一般来说，店内张贴了各种"服务指南 POP"。

比方说维修、送货、加工服务等方面的指南。

将这些 POP 张贴在合适的地方，能让犹豫不决的顾客加强购买的决心。　相反，如果将其张贴在不合适的场所，"服务指南 POP"就会失去原有的效用，也不会促进顾客购买的决心。

让我们来看看具体的例子。

请看图 4 – 3，这是送货的"服务指南 POP"。

在较轻的商品附近张贴"可送货到门"的 POP 也没有多大意义。　而店内的实际情况是只要有空间就随意往上面贴 POP，不少 POP 都贴在毫无意义的场所。

滞销的陈列

可送货到门

棚

轻商品	轻商品	轻商品
轻商品	轻商品	轻商品
轻商品	轻商品	轻商品

在重量较轻的商品附近张贴送货的"服务指南POP"也没有多少意义。

畅销的陈列

可送货到门

棚

重商品	重商品	重商品
重商品	重商品	重商品
重商品	重商品	重商品

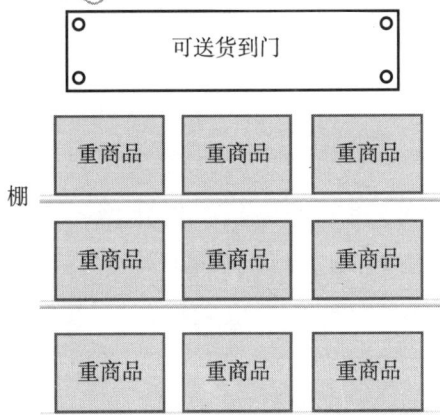

因为商品重量，犹豫不决的顾客也能下定决心购买。

图4-3　让顾客下定决心购买的"服务指南POP"

　　如果在较重的大件商品附近贴上"可送货到门"的POP，相信需要的顾客就会毫不犹豫地决定购买了吧。

　　此外，不妨试试在大号商品的附近张贴"可免费裁剪加工"的 POP。

其他也有不少类似的例子。 在合适的场所张贴"服务指南 POP"正是使顾客加强决心的陈列技巧之一。

4 POP 广告是让顾客决定购买的强力助手

有些光临店铺的顾客是抱有对某种商品的期待感，特意来寻找这一商品的。

比方说，电视广告中热播的商品。 有时会有一些顾客兴冲冲地想来看看实物。

然而如果他们在店内找不到中意的商品，或者是发现中意的商品孤零零地陈列于陈列台的最下方，心情又会如何呢？

想必顾客的兴致马上就一扫而光了吧。

这是现实中经常发生的事情。 厂商投入大量费用在电视广告上，然而店内的工作却没能与其产生互动。 还有一些相似的例子，比方说：

- 新产品
- 宣传中的商品
- 报纸广告等广告商品
- 媒体推荐的热点商品
- ……

这类商品一定要附上"标识牌"（参照图4-4）。

《电视广告热播的商品例》

滞销的陈列

咦？
是这个吗？
真失望啊。

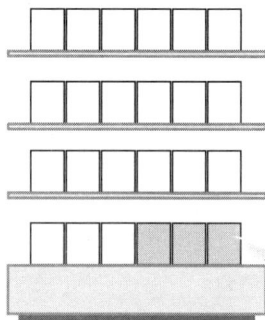

孤零零地陈列在陈列
台的角落中。

这是电视广告
热播的商品

畅销的陈列

呀，
找到了！
是这个！

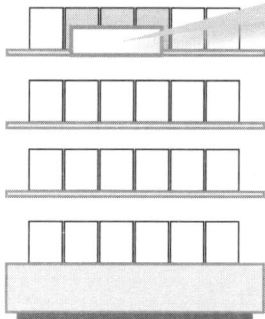

扩大图

电视广告热播中

陈列于黄金区域，并且
附上了标识牌。

图4-4　不能辜负顾客的期待

POP 广告与媒体类广告的作用不同，它主要是为顾客提供方便选购商品的信息。

同时 POP 广告还需要提供消除顾客疑虑的信息，这样才能坚定顾客购买的决心。

◎促销效果显著的标识牌

POP 广告的种类繁多，从价格标牌这类基本型 POP 到特殊作用的 POP，应有尽有。

其中效果最为明显的是标识牌。

除了前述的"电视广告热播中"以外，还有其他各种标识牌，请参照图 4 - 5。

许多商品都见证了标识牌的促销效果。

比方说，图 4 - 5 下半部分的数据是对美国某家超市的调查结果，使用标识牌的商品销售额的增加率有显著提高。

不过，如果给很多商品都加上标识牌的话，效果将会大打折扣。

因为标识牌只有用于特定的商品才能引人注目，如果使用的商品过多，标识牌就失去了原有的作用。标识牌只能用于重点促销商品和宣传商品等特殊商品，这是笔者再三强调的重点。

如果能加以有效的利用，标识牌定能成为商品销售的得力助手。

各种标识牌

电视广告热播中

销量排行
第**1**位

NEW

店长推荐

广告商品

使用标识牌可以迅速提高促销效果

▼ 美国某家超市的调查结果

陈列商品	不使用标识牌时的销售额	使用标识牌时的销售额	增加率
明信片	$101.4	$142.8	+40.8%
婴儿用品	$46.4	$71.1	+53.2%
头痛感冒药	$52.8	$79.5	+50.6%

图 4 - 5 促销效果显著的标识牌

　　除了标识牌以外，还有其他各种类型的 POP 广告，具体请参照图 4 - 6。

标识牌	▷	用于新商品和宣传商品等，最有效果的POP广告。
展示牌	▷	告知商品特点与功能的POP广告。
价格标牌	▷	记载商品名称与价格等基本信息，也可将其用于POP广告。
垂幕	▷	悬挂于天花板的布制帘幕，可带来展示效果。
鲤鱼旗	▷	悬挂于路边用来宣传店铺，可吸引人们的目光，效果好的话还能带来客流量。
海报	▷	宣传海报等。用高信息量的海报代替印象派海报效果更佳。
旗帜	▷	将旗帜引入POP广告，连续使用多面旗帜能够很好地吸引人们的注意。
各种标志（招牌）	▷	包括品牌标志在内的招牌，可有效地应用于企业宣传。
宣传手册兼POP广告	▷	包括宣传手册、菜单等，可将其有效地用于POP广告。

图4-6　增强销售力度的POP广告种类与开发重点

　　我们在张贴商品的 POP 广告时，有时并没有将其张贴在有效的地方。如今店内的 POP 广告多得泛滥，如果不注意张贴场所的话则难以达到引人注目的效果。

　　有时一些人普遍认为不适合张贴 POP 广告的场所反而容易引起人们的注意。

　　比方说设计在地板上的 POP 广告。顾客在走路时视线一般偏向下方。高龄顾客因为走路时需要提防着摔倒，所以大多数人会注意地面。

因此，对于某些顾客群的商品来说，地面的 POP 广告也颇具效果（请参照图 4 - 7）。

《宠物用品厂商品》

将POP广告设计在地板上，
强调自家品牌的专柜。

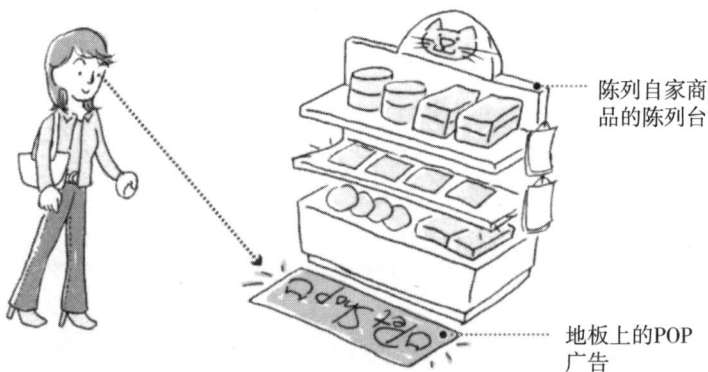

陈列自家商
品的陈列台

地板上的POP
广告

地板式广告的重点

一定要设计在自家商品的陈列台前方（单纯的地板式广告是没有效果的）。

如果移动陈列台的话—定要移动POP（与自家商品的陈列专柜同步）。

因为顾客的视线朝向下方，所以十分显眼。

尤其在高龄顾客中，视线朝下的人更多，因此效果更加显著。

注意不要使用踩过后观感变糟的照片（最好以使用文字为主）。

狭窄过道（0.9~1.2米）中的POP广告更加引人注目。

如果旁边有其他商品的地板式POP的话效果会减半（选择尚未贴有POP的地板）

图 4 - 7　将 POP 张贴在合适的场所可以让商品更加引人注目①

此外，卖场中也有不少引人注目的地方鲜为人知。

比方说，移动货柜的侧面部分（请参照图4-8）。

移动货柜一般放置于店铺的显眼处，或是在促销时使用，因此侧面的POP广告十分引人注目。

移动货柜的侧面容易让人忽视，却有着显著的宣传效果。

POP

是否将POP的张贴位置也告知了零售店？

POP
张贴于陈列架前方

| 商品 | 商品 | | | 品 |

POP的确很显眼，但是遮住了商品的话就本末倒置了。

POP
张贴在陈列架后方

| 商品 | 商品 | 商品 | 商品 | 商品 |

将POP张贴在陈列架后方还能起到衬托商品的作用

图4-8　将POP张贴在合适的场所可以让商品更加引人注目②

◎通过 POP 广告的张贴方法也能提供信息

厂商向卖场提供了商品的 POP 广告，但却无法得到有效利用的例子多得令人唏嘘。 比方说，如果广告遮住了最为重要的商品（参照图 4 - 8）的话就本末倒置了。

此时建议厂商将 POP 广告张贴在背板部分（陈列架后面）。 如果让顾客看到空荡荡的背板的话，会感觉商品的分量感不足，该方法还能一箭双雕地解决这一问题。 同时 POP 广告还成为了商品的背景，可以很好地衬托出商品形象。

5　展示销售的"附加价值"有何妙处

为了摆脱纯粹的价格竞争，除了在商品质量方面多下工夫以外，销售的附加价值也愈发关键。

同时，形象地向顾客展示这种附加价值也变得愈来愈重要。

有些商品在销售时容易添加附加价值，而有些商品则不然。 容易添加附加价值的商品如果能够向顾客更多地展示出附加价值的话就可谓是锦上添花了。

那么销售的附加价值具体包括哪些内容呢?

比方说销售汽车用品的话，轮胎、汽油、各种零件类的安装服务是必不可少的。

汽车音响和汽车导航系统也是一样。 家电折扣店的此类商品销量平平正是因为缺乏安装服务的技术。

其他商品也有各种类似的附加价值。 在销售商品时展示出这种附加价值即可。

《通过可视型工作室展示附加价值的例子》

👉 **滞销的陈列**

平面设计

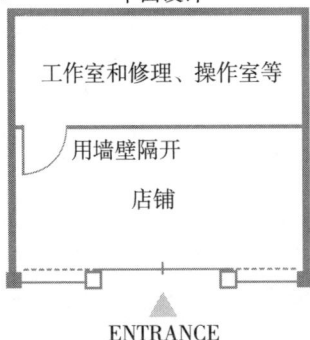

```
┌─────────────────────┐
│                     │
│ 工作室和修理、操作室等  │
│ ┌───────────────┐   │   用墙壁将工作室与店铺隔开，
│ 用墙壁隔开          │   因此从店铺和前方的道路都看
│                     │   不到工作室内的具体操作。
│     店铺            │
│                     │
│  □ ─ □ │ □ ─ ■      │
└─────────────────────┘
        ▲
    ENTRANCE
```

👉 **畅销的陈列**

用玻璃墙隔开，因此从店内能够看到工作室内的情况。
且从前方的道路也同样能看到工作室。

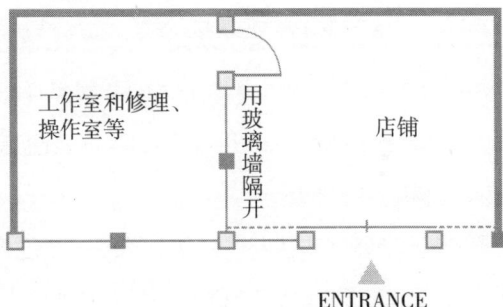

```
┌───────────────────────────────┐
│                  ┌──┐          │
│                  │  │          │
│ 工作室和修理、      │用│          │
│ 操作室等          │玻│  店铺     │
│                  │璃│          │
│                  │墙│          │
│                  │隔│          │
│                  │开│          │
│  □ ─ ■ ─ □ ─ □ ─ ■           │
└───────────────────────────────┘
              ▲
          ENTRANCE
```

图4-9　展示销售的附加价值

让我们来看看具体的展示方法。 比方说，刚才提到的汽车用品店可以设计得让顾客在店内即能看到各种修理操作。 这样既能让顾客放心，同时也能增强顾客的信赖感。 顾客购买商品的决心自然会更加坚决了。

6　比较型陈列——让顾客拥有"自己亲自选择"的满足感

最近的商品种类日益增加，店铺中陈列着形形色色的商品。

顾客真的能够下定决心自己挑选商品吗？ 在向顾客推荐商品之前，顾客更愿意自己主动去选择判断商品的好坏。 此时，商品的陈列是否方便顾客进行选购呢？我们需要将商品陈列得更加便于顾客选购。

"比较型陈列"是方便顾客选购的陈列技巧之一。

请看图 4 – 10，图的上方中商品大量地陈列于普通的陈列台上（该图中有 A ~ H 八种商品）。 顾客很难对所有商品进行比较。 因此我们可以从各种商品中各取出一份粘贴在镶板之类的板牌上。 此时使用样品即可，同时附上注明质量等信息的 POP 广告。

也可以不用将所有商品都粘贴上去，重点集中于畅销品、推荐商品和想要销售的商品即可（该图粘贴了三种商品）。

滞销的陈列

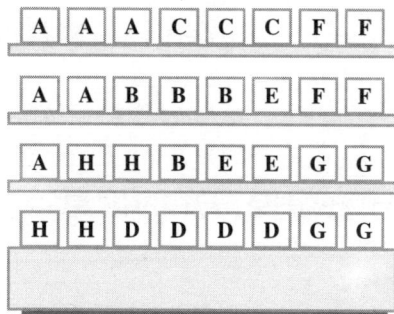

商品种类过多（A~H八种商品），导致顾客难以比较选购。

畅销的陈列

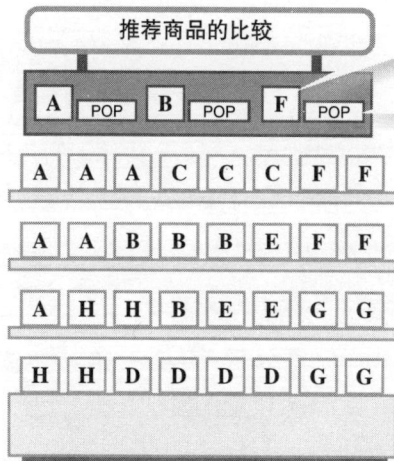

将样品粘贴在镶板上

注明各种商品的质量差异等

将推荐商品（ABF三种）的样品一目了然地展示在顾客面前，方便顾客进行比较。
同时，通过比较POP告知顾客商品的差异。

图4－10　比较型陈列的一例

111

这样看起来一目了然，也方便顾客比较选购各种商品。

这就是"比较型陈列"。样品的部分好比是图书的目录，通过这种"比较型陈列"，顾客可以先浏览目录后再进行选择性阅读。

7 如何形象地展示顾客想要得知的信息？

不少商品由于无法让光临店铺的顾客注意到商品的特点而面临滞销的危险。

光是依靠零售店的推销，再好的商品也难以卖出。

因此，我们不应该单单依靠推销，而需要在店内形象地展示出商品的特点。

请参看图4-11。

这是某家男士服装厂商的例子。

该厂商策划生产了一款夏日休闲衬衫，其特点之一是胸前口袋上设计有一道装饰带，可以用来挂太阳镜。

在刚开始发售时，这款衬衫的销量平平。

厂商通过调查后发现，大多数零售店只将衬衫叠放陈列在货架上。这样就无法形象地将商品的特点展示给顾客。

此时某位营销人员想出了个法子。首先将这款衬衫打开陈列于货架上方，这样看起来是足够引人注目了，但是仍然没有突出商品的特点。 因此他在百元店买了一副太阳镜，并将其挂在衬衫的装饰带上。

商品的特点一目了然，销售额也得到了飞跃性上升。

《男士服装厂商例》

胸前口袋附有装饰带（用于挂太阳镜）的男士休闲衬衫例

滞销的陈列

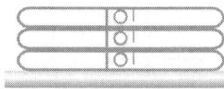

货架

仅是叠放在货架上，完全不知道商品的特点。

畅销的陈列

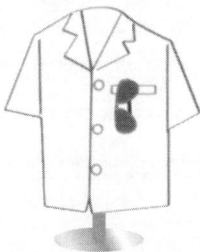

将衬衫打开陈列，并挂上太阳镜展示商品特点，因此销售额迅速上升。

将这种陈列方法应用于所有的零售店，取得了前所未有的成功。

图4-11　如何从视觉上展示商品的特点

113

在该例子中通过一位营销人员的努力使商品得以畅销，然而更重要的是全公司上下的努力，在更多的零售店推行这种陈列方法，这样才能让商品的销量增加。

那么具体应该怎么做呢？

比方说，我们可以通过公司宣传手册和销售指南等方式提供信息，或者是通过展示会和研修会等提供各种信息，等等。

◎营销人员应该有效利用陈列比赛

方法之一是开展陈列竞赛。

这并不是什么新颖的方法，但通过这种竞赛可以有效地促进店铺布置。笔者也曾经担任过若干场陈列竞赛的监督和评委，目的自然是扩大主题商品的销量。

有些营销人员将该竞赛当成营销工具之一，加以有效的利用，而有些人却不然。

每年都举办这类竞赛的话容易陷入陈规旧套，而如果将竞赛的成果作为营销工具加以利用的话，就能带来业绩的提高。

比方说，某位营销人员请大赛评委来到卖场，在审查陈列的同时还请其对卖场进行指导（诊断、咨询店内布置），这样既能扩大商品销量，也得到了零售店的欢迎。

表 4 - 1　陈列竞赛的评分表例

评分项目	评分
功能是否简单易懂？	分
是否体现出了商品的卖点？	分
陈列是否方便顾客试用？	分
POP 广告中是否有具体的说明？	分
是否让顾客感受得到生活主题？	分
是否完全掌握了使用方法？	分
是否突出了品牌效应？	分
是否突出了陈列的重点与魅力？	分
颜色搭配是否吸引顾客？	分
照明方法是否合适？	分
陈列的构图是否有统一感？	分
评价	合计　分

8 让顾客看到厂商的周到服务能加强顾客的
购买决心

现实中我们经常可以看到由于店内说明不足而导致商品滞销，顾客不愿意利用服务等情况。

如果厂商能够更加亲切易懂地向顾客介绍"良好的产品"和"周到的服务"，相信顾客也会加强购买的决心。

比方说更换手表电池的例子。

如果光是更换电池的话，有些顾客会觉得"只要便宜就行了"。然而有时将手表交给廉价的商店更换电池时，会因为非专业人士的不熟练损坏了贵重手表。

而专营店铺则不同。

光是更换一枚小小的电池都能做到如此周到，如果能够通过 POP 广告进行此类宣传的话，相信一定可以赢得顾客的信赖（参照图 4 – 12 ）。

就算店铺拥有精湛的技术，但如果一直只是默默工作的话，顾客也很可能不了解这种技术高度。而只标明"接受更换电池"的话同样让顾客不得而知。

更换电池只是管中窥豹的一例而已，最重要的是让顾客看到厂商与众不同的周到服务。不妨试着将有信心的服务更多地展现在顾客面前。

《手表（更换电池）例》

滞销的陈列

普通的POP广告只能告知顾客可以更换电池。

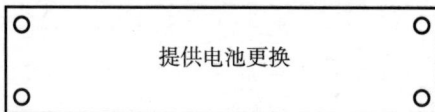

```
提供电池更换
```

畅销的陈列

```
提供电池更换

更换电池时有许多问题需要留心。
操作是否细心将会产生不同的结果。
将您贵重的手表交给技术一流的专业店铺吧。

打开手表时不会沾锈、灰尘。
不会在电池和机械上留下指纹。
使用全新的高质量电池。
同时还会检查垫圈等其他部分。
```

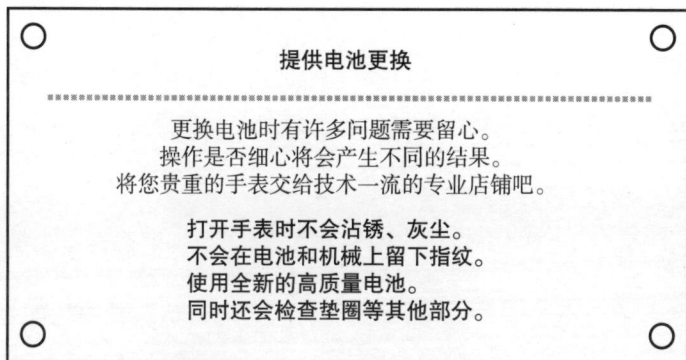

这家店真
让人放心！

图 4 – 12 让顾客看到厂商的周到服务能加强顾客的购买决心

Part 5

留下记忆的陈列

Memory

Point

- 打造从车道上看即可留下深刻印象的店铺
- 让顾客可以注意到更多商品的方法
- 使用带给顾客深刻印象的陈列道具
- 印象深刻的常备品柜台可以带来回头客
- 店铺活动让顾客乐意购买
- 让顾客在需要时可以想起的服务指南
- 独特的陈列台可以吸引顾客的注意

1　打造从车道上看即可留下深刻印象的店铺

假设某家店铺因故拆迁，土地挪为他用。

行人之间发生了以下的对话。

"这儿的店铺是卖什么的来着？""这个，我也记不得了……"

每天路过店铺的行人也仅留下这点印象。

尽管每天都有大量的行人（或者是汽车）路过这家商店，但甚至没有人能记住该店销售的是什么。

店铺能否给行人留下深刻的印象是关乎客流量的大问题。

如今除了东京等大都市的中心街道以外，各地均步入了汽车购物的时代。因此如何让行驶于车道（店铺前方道路）的司机注意到店铺已成为重要的问题。

对厂商来说，车道也是绝佳的广告宣传场所。

那么应该如何打造让顾客印象深刻的店铺呢？这也有许多个别的技巧，一般来说有以下几种。

◎从车道上能够一眼注意到商品

为了让商店从车道上看上去更加显眼，可以置放广告牌与鲤鱼旗，但这些只能起到辅助性作用，最重要的是让顾客能够看到商品。

比方说，汽车用品店和轮胎专店可以将轮胎陈列于店外，这样就能让司机一眼注意到店铺。

可以陈列于店外的商品并不多，比方说有汽车店的二手车、轮胎店的轮胎等等，我们应该有效地利用此类商品可以陈列于外部的优点。

加油站也一样。

不少加油站正因为足够引人注目，除了轮胎以外，洗车、加油以及燃油的销量也有所增加。最重要的是用轮胎代替广告招牌。

那么，绝大多数不能陈列于外部的商品应该怎么办呢?

也需要尽量让司机和行人注意到店铺。 比方说,如果将旅行店的宣传册陈列台陈列于商店门口,顾客就能一目了然地知道这是一家旅行店。

即用陈列台代替了广告招牌。

如果不使用这种方法的话,恐怕会有很多人误认为这是不动产公司或是别的行业的店铺吧。

或许连每天路过店铺门口的行人也不知道"这原来是旅行店啊"。

总之,最重要的是让顾客从外部看得到商品。 旅行店以外的店铺亦是如此。

◎ 盖造引人注目的建筑物

想让店铺引人注目,建筑物本身就需要足够显眼。

如果店铺开设在车流量较大的道路旁边,那么建筑物本身就是一座强有力的广告塔。

因为如果每天驾车经过的人都能注意到建筑物的话,就等于每天都感受到了店铺的存在。

而只要人们感受到店铺的存在,一旦有需要时光临店铺的可能性就会大大增加。

因此,引人注目的建筑物是十分重要的。

如果店铺开设在郊外,顾客光临的时间就会有一定的规律可循。

121

《旅行店例》

滞销的陈列

由于店铺门前没有陈列商品，所以一眼看上去不知道
是什么商店。

畅销的陈列

店铺门前置放着旅游信息手册陈列台，一眼看上去
就知道是旅行店。

旅游信息手册
陈列台

图 5－1　从车道上能够一眼注意到商品

122

顾客一般是在休息日光顾购物，平时的话大多是傍晚以后的时间段。

此时的重点是建筑物必须设计在从车辆驾驶方向看最为显眼的位置（请参照图 5 - 2 ）。

此外，店铺所在的建筑物最好正面宽度设计得较宽。

这样能让店铺看起来更加宽敞，也会更加显眼。

只要地皮够宽，建筑物的正面宽度最好尽量设计得足够宽敞。

这些都是设计店铺的常识，然而遗憾的是很多店铺没能做到这点。

正因为设计建筑的不是店铺布置的专家，而是由建筑商人等人从建筑学的观点进行设计，才会导致这种结果。

所以，最好还需要听听店铺布置的专家的意见。

◎ **通过各种用途的广告牌提高客流量**

我们一般在店外使用广告牌进行宣传。

广告牌的种类繁多，同时也有适合各种广告牌的宣传方法。

• 屋顶广告牌需要设计显眼的店标

从远处就能一眼看到的大型广告牌效果更佳。 如果店铺用的是自己的房屋，不妨把广告牌装在屋顶，这样

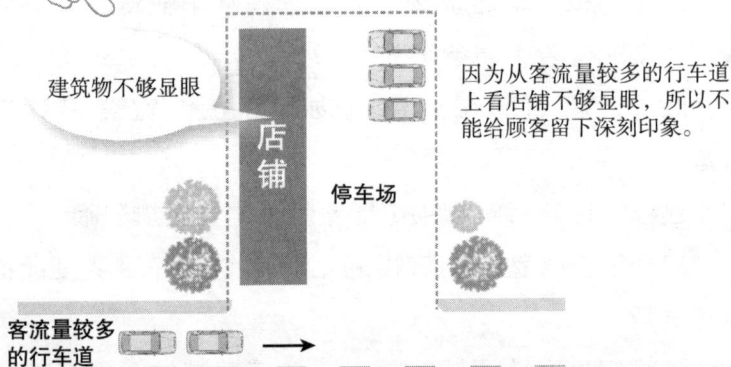

滞销的陈列

建筑物不够显眼

店铺

停车场

因为从客流量较多的行车道上看店铺不够显眼，所以不能给顾客留下深刻印象。

客流量较多的行车道

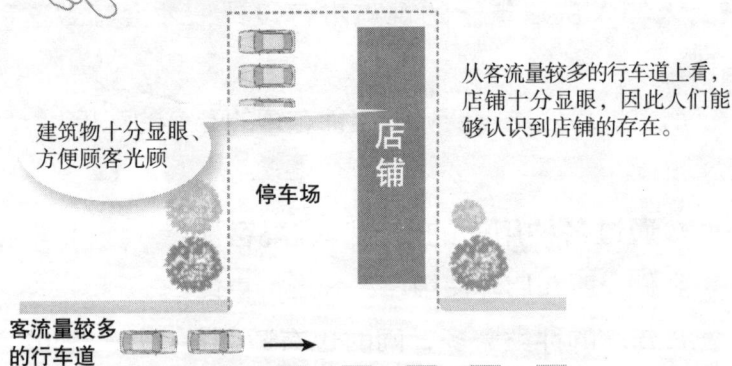

畅销的陈列

建筑物十分显眼、方便顾客光顾

停车场

店铺

从客流量较多的行车道上看，店铺十分显眼，因此人们能够认识到店铺的存在。

客流量较多的行车道

图5-2 从客流量较多的行车道看上去显眼的店铺

124

看起来有大型店铺的感觉，同时还能提高在当地的知名度。 如果店铺开设在郊外，从远处就能看到店铺，因此这种广告牌能带来极佳的效果。 广告牌上除了店名以外，最好还应加入店标和宣传标语等。 特别是如果从远处可以看到店标的话会更加引人注目。

● 店铺正面的广告牌需要注意高度

当店铺前方的道路较为狭窄时，需要注意店铺正面的广告牌不能装得过高，否则很难引起人们的注意。

● 店铺侧面的广告牌需要改变书写方法

店铺侧面的广告牌一般也会写有店名等，如果正面广告牌使用汉字书写店名的话，侧面可以改用字母。

● 从人流量较大的方向可以一眼看到侧壁广告

如果店铺旁边是停车场和空地等，从车站附近等人流量较大的方向可以一眼看到店铺的话，可以尝试使用侧壁广告。

如果侧壁的面积足够大，不妨使用壁画代替广告牌。

画上故事里的卡通人物等图画会让人备感亲切。

● 高杆型广告牌是位于郊外的店铺必不可缺的道具

对郊外的店铺来说，高杆型广告牌是必不可缺的。

当停车场位于店铺前方，从道路上看店铺不够引人注目时，可以使用这种广告牌。 如果是旋转式等活动型广告牌的话效果更佳。

125

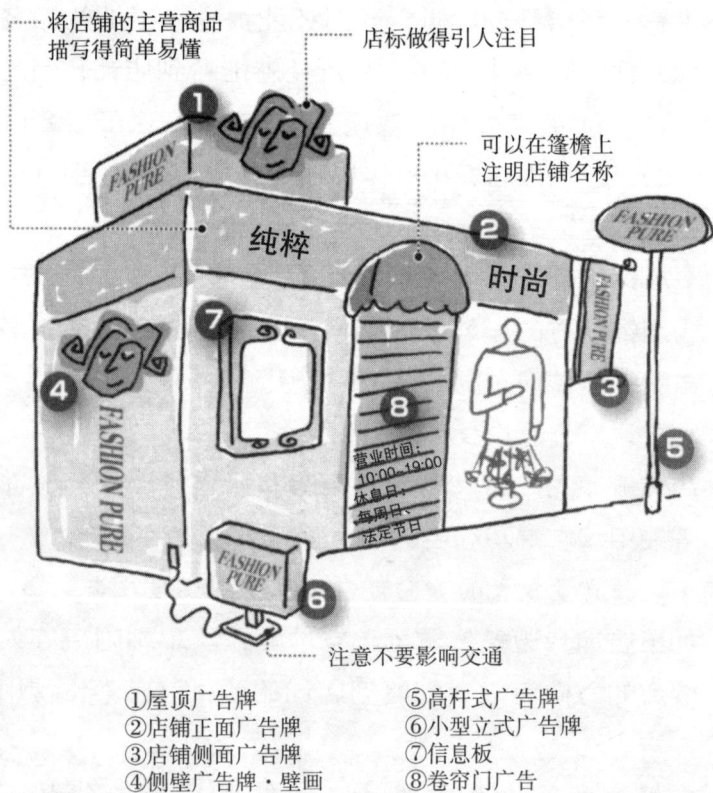

将店铺的主营商品
描写得简单易懂

店标做得引人注目

可以在篷檐上
注明店铺名称

①屋顶广告牌　　　　⑤高杆式广告牌
②店铺正面广告牌　　⑥小型立式广告牌
③店铺侧面广告牌　　⑦信息板
④侧壁广告牌·壁画　　⑧卷帘门广告

图5-3　提高客流量的各种广告牌

● 置放小型立式广告牌需注意不要影响交通

从原则上来说，置放于街上的小型立式广告牌不能
占用交通公路，并需要事先得到道路管理处（都道府
县、市町村等）的许可并缴纳占用金。

如果引起顾客的不满，广告牌的意义就荡然无存
了，因此在置放时要充分注意是否会影响交通。

● 利用信息板提供各种信息

我们可以在店铺的显眼处设置一块信息板，提供各种促销和活动消息。 还可以提供"今日特价"的商品信息，或者是当地的各种节目和活动的情报。

● 店铺关门后也可使用卷帘门来宣传

为了在关门后也能凸显出店铺的存在感，不妨将卷帘门当成广告媒体使用。

除了店铺名称以外，还写上营业时间和休息日。

如果能做成图画的形式，会让人感觉分外亲切。

2 让顾客可以注意到更多商品的方法

如何让光顾店铺的顾客尽量多地看到商品是十分重要的工作。 就算顾客当时没有立即购买，只要他们对商品留下了一定的印象，下次有需要时还是会前来购买。

购买其他商品的顾客如果看到"稍微有点想要的商品"，说不定就会当场买下。 总之，首先最重要的是让顾客注意到更多的商品。

那么具体应该怎么做才好呢？ 我们可以将自家的商品陈列在以下的场所。

● 陈列于从主要过道能够一眼看到的场所；
● 陈列于店铺入口附近的显眼场所；
● 陈列于从收银台能够一眼看到的场所。

127

此外，卖场设计的重点如下所示。

• 岛屿式陈列专柜有时会使用好几座岛屿，事实上使用一座大型岛屿（即大型陈列台）的效果更佳，可以让顾客看到更多的商品（参照图 5 – 4）。

• 设计简单的过道能让顾客看到更多的商品。

• 当专柜被挡住时，可以贴上"○○专柜位于背面"等 POP。

3　使用带给顾客深刻印象的陈列道具

想要让自己的商品给顾客留下深刻的印象，我们不能把一切销售工作都交给零售店，而应该在陈列方法上多下工夫。因此，厂商有必要向卖场提供陈列道具。

比方说图 5 – 5 中的陈列台。

这是某家眼镜厂商提供的陈列道具，上面还附有 POP 广告。

该 POP 广告固定于陈列台上，因此促销效果不佳。

比方说，夏季来临时还在使用春天的 POP 广告的话就过时了。

因此，我们可以将 POP 广告制作成可拆卸型，这样就能更换其他广告标语了。

如果能够根据季节的变化或是销量的变化及时更换 POP 广告，商品的陈列就能给顾客带来深刻的印象。

《饰品例》

滞销的陈列

顾客漏过了这一
陈列台的商品

| 陈列台 | | 陈列台 |

陈列台

小型陈列台（或是岛屿）
加上复杂的过道，容易让
顾客遗漏商品。

| 陈列台 | | 陈列台 |

顾客行走路线

畅销的陈列

大型陈列台
（或是岛屿）

设计大型陈列台（或是岛
屿）和简单的过道，让顾
客绕上一周就能看到所有
商品，因此顾客不容易遗
漏商品。

顾客行走路线

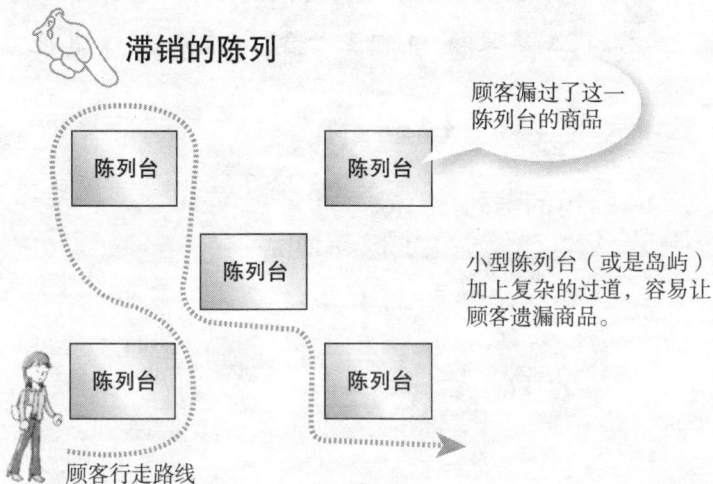

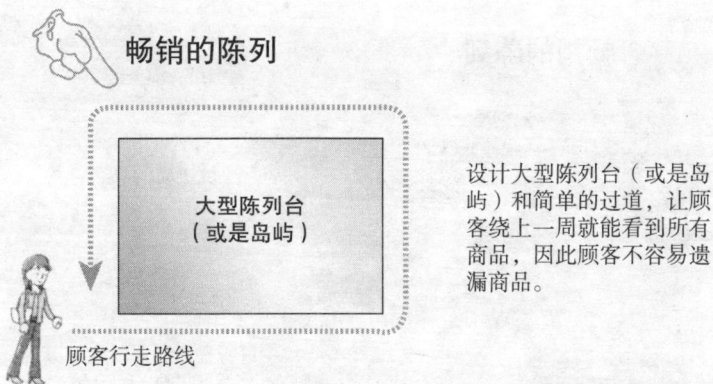

图 5-4　让顾客可以注意到更多商品的方法

　　另外也可以借用一些特别的陈列道具，打造出让人
印象深刻的陈列。

　　比方说以下的例子。

129

●篮子（籐制或竹制） ●白铁皮水桶 ●酒桶 ●咸菜桶 ●木箱 ●集装箱 ●粗点心盒 ●金鱼盆 ●其他。

《眼镜厂商例》

滞销的陈列

POP广告

春日清新眼镜展

固定式的POP广告无法针对季节变化和销量变化进行更改。

陈列台

畅销的陈列

春日清新眼镜展

夏日休闲太阳镜

POP广告是可更换的

读书之秋知性眼镜

今年就挑这副眼镜了！

可拆换式POP广告可以针对季节变化和销量变化进行更改。

图5-5 可拆换式陈列台

4 令人印象深刻的常备品柜台可以带来回头客

回头客较多的商品最好不要改变陈列场所。 比方说图 5－6 中所列出的商品。

- 畅销品
- 消耗品等顾客会重复购买的商品
- 维修工具
- 购买频率较高的商品
- 顾客想在短时间内结束购买的商品
- 陈列量极少、难以寻找的商品

图 5－6 最好不要改变陈列场所的商品

将这种商品陈列于同一场所的同一货架上更能方便顾客购买，这即是常备品柜台。

如果自家商品的常备品柜台发生了迁移，则需要张贴 "○○商品移至○○柜台" 之类的 POP 广告。

总之，要想获得更加有利的营销环境，就必须重视卖场的跟踪工作。

131

而在卖场的跟踪工作中，首先最重要的是收集卖场的信息。

图 5 – 7、图 5 – 8 是典型的例子，从基本上说我们需要收集"自家商品的店内观察"、"零售店动向"和"其他公司动向"三方面的信息。

而当我们进行"店内观察"时，会发现一些不可思议的现象。

举个图书卖场的例子吧，某出版社提供的"推荐书籍"的 POP 广告竟然张贴在其他出版社的图书附近。

所以说，卖场的跟踪工作不足的话，就容易出现此类情况。

5　让顾客乐意购买的店铺活动

店铺活动最重要的作用是给顾客留下深刻的印象，并为零售店拉拢人气。

不妨设定一些吸引顾客的活动口号，比方说以下例子。

- 请到卖场亲自体验！
- 走！去购物喽！
- 详细请于店内咨询。
- 抓住卖场的好机会哟！
- 当场赠送限量版礼物，赶紧行动吧！

自家商品的店内观察	店内库存调查	调查自家商品的陈列库存数
	销售动向	畅销情况等销售动向
	价格调查	调查销售价格
	重点商品的陈列	哪种商品是重点促销商品
	POP广告	POP广告的使用方法和效果
	陈列用具的有效利用率	陈列用具的布置与陈列商品
	促销工具	促销工具的有效利用率与效果
零售店动向	促销的策划与实施情况	零售店计划与实施的促销内容
	对商品的期望	策划方案、对商品的意见等
	卖场中消费者的声音	访店时听取消费者的意见
	活动预定	庆典、悼日、纪念节日等
	经营动向	销售额、结算、人事动向等
	店铺装修	店铺装修和新店开张计划等

图5-7　通过观察店铺了解卖场的变化①

调查项目		内容	其他公司名称
其他公司动向	畅销商品		
	产品目录		
	消费者用宣传手册		
	广告传单		
	信件广告		
	厂家投用的陈列用具		
	海报		
	陈列套具		
	垂幕		
	展示牌		
	其他		

图 5-8　通过观察店铺了解卖场的变化②

134

同时还需要重视卖场宣传与活动广告的互动。 如果顾客看到广告前往店铺却找不到活动的举办场所的话，定会觉得大失所望。

因此我们必须在店铺入口处陈列活动海报及赠品等。

◎ 与零售店进行有效的合作

厂商在发售新商品或是促销重点商品之际举办活动时，要注意与零售店的促销计划产生互动。 这才是成功的秘诀。

零售店一般会根据全年的促销计划实施各种促销活动。

这些计划的相关信息是可以在事先收集到的，因此如果厂商提出支持此类计划的活动策划案的话，零售店定会欣然同意。

因此，今后厂商应该将重点从全国型活动转移至与零售店合作举办的活动上。

而且可以针对各个零售店的不同情况举办多种多样的活动。

通过策划协助销售的促销方案、提供活动商品及促销道具等，可以有效地提高零售店的合作力度。

厂商在收集零售店的促销信息的同时，还需要经常向零售店提供自己的活动信息。 因为让零售店及时掌握厂商的活动信息，零售店就可以将其纳入店内的促销计划中。

◎ 为店铺建立网站

店铺网站上可以登载促销活动和日常销售活动的信息，充实网站的内容也能增加商品的销量。请参看以下的例子。

● 活动信息网站

提供各种活动信息，让零售店可以早日纳入促销活动中。

● POP 广告网站

将活动用的 POP 广告和自家商品的 POP 广告打印后张贴于店铺中。

● 陈列·展示网站

形象地提供商品的具体陈列方法及展示方法等信息。

通过插图或照片介绍商品的具体陈列方法。

● 陈列竞赛网站

登载陈列竞赛相关信息的网站。除了报名的注意事项以外，还可以提供布置卖场的相关技巧，以便带来更佳的陈列展示，并促进活动商品的销量增加。

◎ 利用手机短信

据预计，商品介绍和服务无法让顾客满意的零售店

136

今后还会持续增加。

如果置之不理的话，自家商品的销量也难以攀升。

因此有必要利用手机短信促进店内的销售活动，比方说如图 5 – 9 所列举的各项内容。

店铺网站

- 活动信息网站
- POP广告网站
- 陈列·展示网站
- 陈列竞赛网站
- 其他

活动即将结束!

短信内容

- 商品信息
- 购物建议
- 厂商活动
- 搜集顾客意见
- 商品演示
- 其他

SALE
通知

图 5 – 9   店铺网站与短信

137

总之，厂商需要直接通过短信向光临店铺的顾客提供足够的信息与满意度。

6 让顾客在需要时可以想起的服务指南

如果附加服务不够充分的话会影响商品的销量，比方说下列商品。

- 需要进行加工的商品
- 必须有保养维护服务的商品
- 需要进行安装的商品
- 不易使用的商品
- ……

有时零售店无法提供此类商品的附加服务。

此时厂商需要提供相应的服务指南。

具体来说，厂商一般会使用 POP 广告，然而有些时候广告介绍不够充分会导致顾客放弃购买。 比方说，就算标明"○○敬请交给我们"，很多时候顾客也不知道应该把什么交给厂商。

如果厂商能够提供具体的服务内容，就能更加方便顾客的理解。 就算顾客当时并不需要此类服务，也会在心里留下一定的印象，当其需要的时候会回想起来。

《珠宝首饰例》

👉 **滞销的陈列**

> **售后服务敬请交给我们**

顾客难以理解应该将什么交给厂商。

👉 **畅销的陈列**

列出具体的服务内容，能让顾客在需要的时候回想起来。

放心服务指南

欢迎咨询　　厂商名称

- 修改戒指尺寸
- 修理项链
- 更换项链串线
- 宝石处理
- 首饰清洁
- 刻撰文字
- 订制珠宝
- 古董珠宝咨询
- 婚戒咨询

这样就能安心购买了！

图 5－10　让顾客在需要时可以想起的服务指南

139

7 独特的陈列台可以吸引顾客的注意

厂商会向各大零售店提供陈列自家商品的陈列台。独特的陈列台能让商品给顾客留下深刻的印象。

比方说，如下例所示。

● 将圆木柱用作马克杯的陈列道具

某一餐具厂商开发出一款独特的马克杯用陈列道具。

这是一根装有大量木钩的直径约 10 厘米的圆木柱，可将马克杯悬挂在木钩上。

在卖场中竖起数十根这种独特的陈列台，定能吸引顾客的眼球（参照图 5 – 11 ）。

再加上马克杯本身也是五彩缤纷，因此卖场给人感觉十分愉悦且富有话题性，该款马克杯也跃升为人气商品。

● 开发可用水壶装饰整面墙的墙面系统

厨房用品中的水壶通常陈列在五金店等店铺中的陈列架上。

而某一五金开发商开发了可把水壶挂在墙面挂钩上的墙面系统（即墙面陈列系统）。

五彩缤纷的水壶按颜色分类，整齐地陈列在墙面上。 有些顾客看到墙壁上挂满水壶的场景会情不自禁地惊叹不已。

《餐具厂商例》

滞销的陈列

用通常的陈列方法
将马克杯陈列在普
通的陈架台上，无
法给顾客留下多少
印象。

畅销的陈列

独特的陈列台加上独特的陈列方法，会给顾客留下深刻的印象。

图 5 – 11　独特的陈列台可引起顾客的注意

Part 6

引起购买行为的陈列
Action

Point
- "推荐商品"可以消除顾客的疑虑
- 考虑周全的商品可以促进顾客的购买行为
- 让顾客觉得"现在绝不能错过"
- 别忘了防止断货的店铺跟踪
- "更加优惠"让顾客下定决心购买
- 不会错过最有可能购买商品的潜在顾客的方法
- 避免使用让顾客感觉不放心的陈列
- 使用与商品特点相符的陈列台可以展现出商品的魅力
- 在收银台提供信息可以带来回头客

1 让犹豫不决的顾客下定决心购买的"推荐商品"

在挑选商品之际，不少顾客觉得商品种类过多，或是自己的商品知识不够而犹豫不决。

对待这种顾客的有效方法是标记出"推荐商品"，直接向其进行推荐。 不过还需要注意，推荐的效果因顾客层和商品而异。 有些顾客层比较容易接受"推荐商品"，而有些顾客层则不然。

比方说，机械商品的话，一般来说女性顾客和高龄顾客的"推荐商品"购买率是最高的，而年轻人则比较倾向于自己挑选商品。

此外，时尚商品和个性商品最好不要使用"推荐商品"。

关键是在仔细分析商品和顾客层的购买行为之后再决定"推荐商品"，这样会达到事半功倍的效果。

我们可以使用 POP 广告来标明"推荐商品"，请看图 6 – 1。

图 6 – 1 中的"推荐商品"过多，会导致顾客不知道该挑选哪种商品好。 这种陈列方法没能理解"推荐商品"的意义在于让犹豫不决的顾客下定决心购买。 因此重点是缩小推荐的范围，只用在真正想要推荐的商品上。

2　因考虑不周而让顾客失去购买欲望的陈列

顾客好不容易想要购买了，有时却因为商品的陈列考虑得不够周全而让顾客失去了购买欲望。 比方说较重的商品、手够不着的商品、易碎易坏的商品等等。

如果是自助型销售的话，将这种商品拿到收银台就需要花费一番周折。

144

滞销的陈列

没能理解"推荐商品"目的的POP展示法。

推荐商品过多，太难选择了！

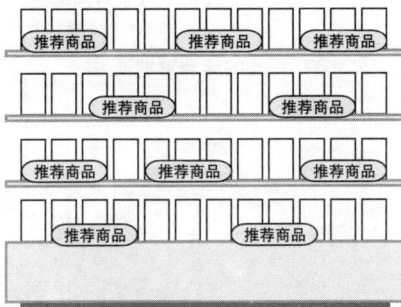

畅销的陈列

缩小"推荐商品"的范围

决定就买推荐商品了！

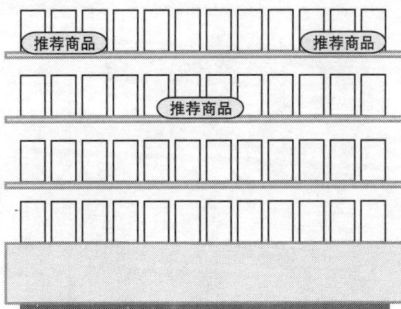

图6-1　有效的"推荐商品"POP展示法

　　有时顾客会因此而犹豫，就算涌起了购买欲望，也不会真正购买。　这类商品应该陈列于收银台附近。

　　杂乱无章的陈列也会降低顾客的购买欲望。

自家商品陈列得过于零乱时，可能还会影响商品形象。

将包装作为陈列辅助道具，防止陈列零乱！

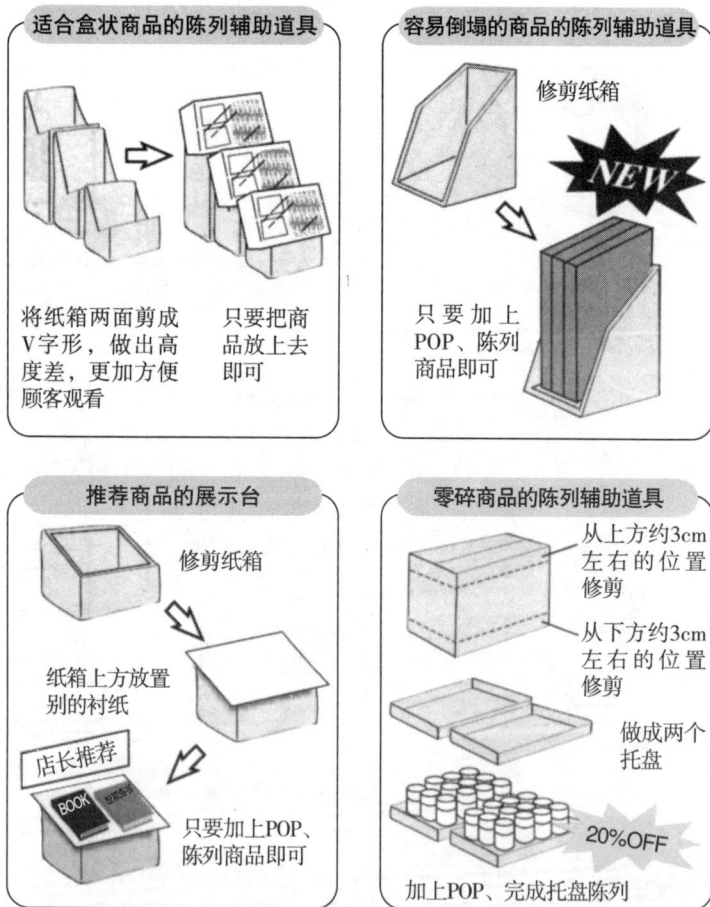

适合盒状商品的陈列辅助道具

将纸箱两面剪成V字形，做出高度差，更加方便顾客观看

只要把商品放上去即可

容易倒塌的商品的陈列辅助道具

修剪纸箱

NEW

只要加上POP、陈列商品即可

推荐商品的展示台

修剪纸箱

纸箱上方放置别的衬纸

店长推荐

BOOK　SERIES

只要加上POP、陈列商品即可

零碎商品的陈列辅助道具

从上方约3cm左右的位置修剪

从下方约3cm左右的位置修剪

做成两个托盘

20%OFF

加上POP、完成托盘陈列

图6-2　店铺内的商品陈列是否过于零乱？

店铺内的陈列总是容易变乱。 经常整理自然是基本的解决方法，然而卖场中常常因为人手不足而导致整理得不够彻底。

因此，厂商需要在商品包装上多下工夫，使得自家商品的陈列不会过于零乱。

比方说，小型商品和零碎商品的陈列尤其容易零乱，此时可将外包装沿点线剪下后用作陈列托盘。

这样零碎商品也能陈列得井井有条。

3　让顾客觉得"现在绝不能错过"的技巧

促销难辟新径的最大原因是就算顾客对商品产生了兴趣，也觉得"无论什么时候买都一样"，因此没有实际购买商品。 为了让顾客立刻购买，我们需要使顾客觉得"绝不能错过现在的机会"。 方法有很多，其中最有效的是限定发售。

■限定日期的销售

- 只限今天
- 今天的特价商品
- 本周的特价商品
- 本月的特价商品
- 每周三是感谢日
- 每月 20 号 20% OFF

147

- 每周一某商品全部八折
- 其他

通过张贴限定发售的 POP 广告，可以促进顾客的购买行为。 图 6 – 3 是 POP 广告的例子。

■限时销售

- 限时抢购
- 早市、下午市、晚市
- 夜间促销
- 其他

■限量销售

- 限量○○台
- 限定先到的 20 名顾客
- 一人限购两个
- 其他

这些广告的例子如图 6 – 4 所示。 此类限定销售一定要如实举办，如果超过限定时间还在出售的话会给人感觉"无论什么时候购买都一样"，顾客也就不会当即购买了。 而如果早早地打出限售预告的话，顾客下次还会继续光顾。

比方说，在本周的特价商品上张贴"售罄谢礼POP"的同时，顺便还展示下周的特价商品。

《限定日期的销售例》

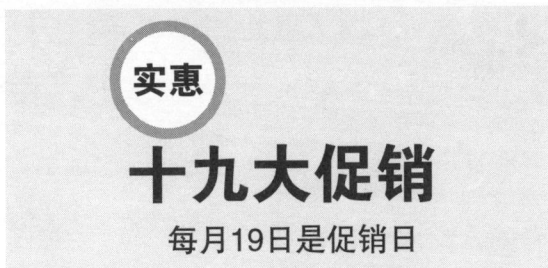

每周一是
面包日

面包
全部 八折

每周三是感谢日
周三大促销

实惠
十九大促销
每月19日是促销日

图6-3　让顾客觉得"现在绝不能错过"的技巧 ①

《限时销售的限定发售例》

①限时抢购

限时抢购

5点
开始

②早市、下午市、晚市等

《限量销售的限售例》

图6-4　让顾客觉得"现在绝不能错过"的技巧 ②

　　一般来说，利用限售购物的顾客以回头客居多，因此重要的是持续开展此类活动。

　　这样可以让顾客将活动商品囊括于购买计划中，并实际购买商品。

150

4　好不容易想要购买却断货了

因为断货而造成销售额损失是再遗憾不过的事情了。

在这个厂商为了销售额的增长而焦头烂额的时代，失去有心购买的顾客绝对是不划算的事情。

当商品经常断货时，回头客也会想"那就换别的商品吧"，这样就会越来越疏远断货的商品。

虽然有些商品缺货反而容易赢来人气，但如果过度的话就会失去顾客的信赖。

厂商（销售公司等）绝不能对断货带来的销售额损失不闻不问。

营销人员的店铺跟踪工作是极其重要的。

图 6 – 5 是店铺跟踪的核对单。

图中列出的是最基本的项目，但并不意味着这些是初级的工作。

切实提高销量的捷径正是实践这些标准。

那么，零售店信赖的营销人员应该具有哪些能力呢？

● *卖场管理能力*

即前文中提到的跟踪店铺的日常工作能力。 这并非难事，而是基本的技能。 要记住基本的工作并不意味着是初级的工作，需要坚持到底。

151

检查商品欠缺情况	
清洁货架、清理商品的灰尘	
将商品陈列于前方	
陈列时坚持先进先出的原则	
将商品正面陈列	
检查陈列辅助道具是否损坏	
确认价格标牌	
确认POP、促销工具	
如有其他商品混入的话将其放回原处	
其他	

基本的工作并不意味着是初级的工作，因此应该坚持做下去。

图6-5 店铺跟踪之际的核对单

● **卖场诊断能力**

以前并没有特别强调这种能力，但今后这一技能是必不可缺的。

这要求营销人员不仅仅只销售自己的商品，而且还要客观地分析卖场，发现问题点，提出改善方案，并将其应用于自家的商品。

为了增加改善方案的说服力，在提出方案时需要客观地认识卖场的实际情况。

● **策划方案能力**

根据卖场的诊断结果，提出改善问题的策划方案。

目的自然是为了扩大自家商品的销量。 零售店的店长和卖场负责人没办法顾及到每种商品的促销方案，因此零售店应该也会欢迎这种方案。

不过，策划时需要注意以陈列方法、POP 广告等布置卖场的方案为主，而不要花费太多资金。

总之，就算营销人员积极提出各种方案，但如果其无法很好地进行卖场跟踪的话，也难以得到零售店的好评。 相反，如果营销人员只会跟踪卖场，而不能提出有用的方案的话也不够。 只有既能做好卖场的跟踪工作，又能积极策划各种销售方案的营销人员才能得到零售店的信赖。

153

卖场管理能力 ▷ Retail Support Skill

维持管理自家商品的卖场，使其不输给其他竞争商品。

卖场诊断能力 ▷ Consultant Skill

找出卖场的问题点，提高策划方案的说服力。

策划方案能力 ▷ Creator Skill

改善卖场的问题点，提高增强自家商品卖场实力的策划能力。

图6-6　营销人员需要具有的能力

5 "更加优惠"让顾客下定决心购买

用打折等优惠手段来吸引顾客容易陷入旧套，难以推陈出新。

经常打折的话，顾客会逐渐认为商品的折扣价就是原来的"定价"，这样会对顾客失去吸引力。

因此最好不要经常打折。

然而，在举办活动和促销时，也必须让顾客感受到真正的实惠。

此时有效的方法是打出"更加优惠"的旗号。

比方说，可以在折扣价上使用 POP 标明"在收银台处再打八折"等。

或者是标明"本店会员可以在特价的基础上再减5%"等。

一句"更加优惠"往往会促进顾客的购买行为。

如果与本书 Part 6 中的章节"3"中所提到的让顾客觉得"现在绝不能错过"的限定发售技巧一块使用的话效果更佳。

比方说，"只限今日，在收银台处再打八折"等等。

这种方法也不能使用得过多，否则也会给人感觉缺乏新意。

因此最好只在举办活动或是促销时使用。

155

6 是否错过了最有可能购买商品的潜在顾客?

每天都有可能购买商品的潜在顾客光临店铺。

而您是否错过了这些潜在顾客呢?

《展示"更加优惠"的POP广告例》

滞销的陈列

普通的促销方法难以促进顾客的购买行为。

特价商品

20%OFF

畅销的陈列

宣传"更加优惠"可以激发购买行为。

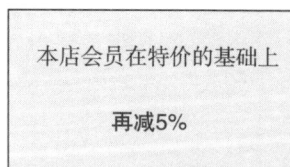

在此优惠价格上

在收银台处再打八折

さらに**2**割引

本店会员在特价的基础上

再减5%

图6-7 "更加优惠"让顾客下定决心购买

比方说加油站。

每天都有大量顾客前来加油，本应该是增加换油、洗车、轮胎、电池等汽油之外商品销量的绝好机会。

旅行店也一样。

旅行店一般是在柜台接待顾客，很少有柜员亲自到大厅接待，因此错过了不少大厅内的潜在顾客（潜在顾客是指不去咨询柜台，只取走旅游信息手册的顾客）。

大厅里也有不少顾客想去咨询柜员，但又觉得"不太想坐在柜台前……"最后仅拿了点旅游信息手册，便意犹未尽地离开店铺。

如果能在大厅内提供确切的信息和咨询的话，就能与顾客进行沟通，促进顾客的购买行为。

图 6 – 8 是为了改善此类事宜而张贴的 POP 广告。

7　让顾客感觉不放心的陈列无法引起购买行为

当顾客想要购买某种商品时，如果觉得商品的陈列让自己不放心的话，购买热情也会大大减退。

比方说，容易选错商品的陈列。

让我们来看看图 6 – 9，该陈列台上有 A ~ D 四种型号的商品。

《旅行店例》

👉 **滞销的陈列**

顾客问卷调查的结果表明，"不少顾客想去咨询柜员，但柜员看上去太忙没法打扰，所以只取走旅游信息手册，不满地离开了店铺。"

👉 **畅销的陈列**

张贴如下图所示的POP广告，前来咨询的顾客人数有所增加，销售额也得以增长。

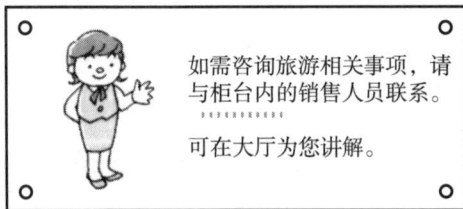

如需咨询旅游相关事项，请与柜台内的销售人员联系。

可在大厅为您讲解。

<注意>重点是标明"柜台内"。

图6-8　是否错过了最有可能购买商品的潜在顾客？

《某分号商品例》

滞销的陈列

A、B、C、D四种商品零乱地陈列于陈列架上。

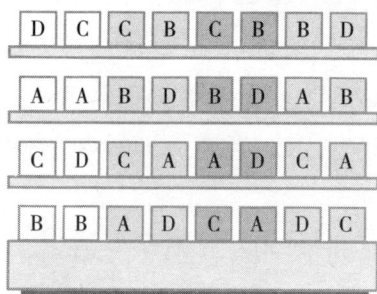

| D | C | C | B | C | B | B | D |

| A | A | B | D | B | D | A | B |

| C | D | C | A | A | D | C | A |

| B | B | A | D | C | A | D | C |

> 太容易选错型号了，真不放心啊。

畅销的陈列

按型号进行陈列。

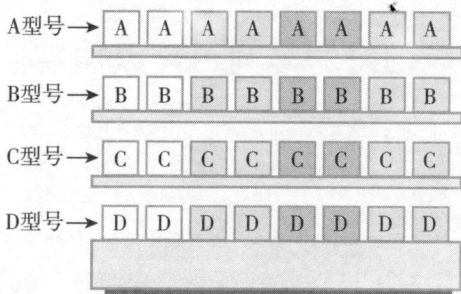

A型号→ | A | A | A | A | A | A | A | A |

B型号→ | B | B | B | B | B | B | B | B |

C型号→ | C | C | C | C | C | C | C | C |

D型号→ | D | D | D | D | D | D | D | D |

> 这样就能让人放心购买了！

图6-9　让顾客感觉不放心的陈列无法引起购买行为

上图中商品的型号陈列得十分零乱。

这样会让顾客觉得容易选错型号，难以放心购买。

事实上，该卖场因为顾客选错型号而退换货的例子层出不穷。

因此，厂商按照下图所示的方法改善了商品的陈列方法。

从上往下依次（按横排）陈列不同型号的商品。

商品共有四种不同的设计图案，不同图案按纵列进行陈列。

也就是说，纵列陈列不同图案的商品看上去不偏不倚，而横排陈列不同型号的商品则方便顾客不易选错。

这样顾客就能安心购买商品，退换货比例也几乎接近于零。 如今在店铺里还经常可以看到让顾客丧失购买欲望的陈列。

8　使用与商品特点相符的陈列台可以展现出商品的魅力

如果店铺中使用的陈列台与商品特点不符的话，就无法展现出商品的魅力。 此时需要开发特殊的陈列台并投用于卖场中。

厂商在卖场中使用自己开发的陈列用具是一种有效的促销方法，然而首先要注意必须使用卖场容易接受的陈列用具。

● 小型陈列用具

陈列用具的尺寸大小决定了可以置放的场所，而最重要的是纵深的长度。

纵深较浅的陈列用具选择性范围较广，还可以置放于端架空间或是柱子前方。

● 需要特殊的、独特的陈列方法的商品

如果商品不使用普通的货架或是挂钩陈列，而使用特殊陈列方法的话，卖场也会希望厂商提供陈列用具。

在这种情况下零售店往往无法准备适合的陈列用具。换句话说，如果能开发出独特的陈列方法，便可以方便厂商投用自己的陈列用具。

● 陈列用具不能破坏卖场的整体氛围

设计陈列用具时要注意风格简洁不花哨，这样才能应用于所有卖场中。如果陈列用具的颜色或材料与卖场环境不符的话，是难以被卖场所接受的。

如果是投用于量贩店等店铺，最重要的是做到引人注目，因此使用大胆的设计效果更佳。

总之，厂商提供的陈列用具需要投用于事先设计好的卖场中，如果适用范围不够广泛、效果不够明确的话，是难以让卖场接受的。最理想的是在店铺装修时或是开新店时的设计阶段，请其设计自己公司的陈列用具。

表 6 - 1　陈列用具的种类与开发的重点

移动式陈列用具	带脚轮等的陈列台。方便移动的同时也容易被撤离。
固定式陈列用具	缺乏设计等方面的灵活性，但可以长期确保商品的卖场。
单面陈列用具	适用范围广，可以置放于端架空间或是柱子前方等。
双面陈列用具	除非有自己公司的专柜，否则一律不适合。难以保证置放空间。
单体式陈列用具	因受陈列用具的尺寸所限，置放场所受到一定限制。
单元式陈列用具	单元组合式陈列用具在尺寸上可以适应各个卖场的具体条件。
量感陈列用具	不用于展示商品，只用于陈列大量常备商品的陈列用具。
展示型陈列用具	用于展示商品的专用陈列用具。如果与量感陈列用具配套引进的话效果更佳。
移动货柜	陈列特价品等商品时使用的移动货柜。

9　在收银台提供信息可以带来回头客

在收银台结账时为顾客提供信息是极为重要的。
因为这会带来一定的回头客。

162

　　在收银台为顾客提供各种有用的促销海报也是有效的方法之一。

　　比方说，顾客购买食材的话，可以向其提供烹调例子或是菜谱的小手册。

　　我们可以将食材和蔬菜等商品的烹饪方法做成迷你菜谱，在收银台将其交给顾客。 同时还可以在菜谱中加入 POP 广告。

　　比方说，把封面做成 POP 广告，并将多本迷你菜谱置放于货架前方的价标架上。 需要的顾客可以自由取阅带走。

　　不仅仅是菜谱，只要是可以加入 POP 广告的小册子，不管是在店内，还是在收银台都能得到有效的利用。

　　其他方法还有很多，比方说可能会带来回头客的优惠券等等。

　　在收银台与顾客交流之际如果可以提供此类促销海报，对零售店来说也是有利的。

《食品厂商例》

滞销的陈列

在收银台结账时没有与顾客进行任何交流。

畅销的陈列

将菜谱或是优惠券送给顾客，与顾客进行交流，有可能带来回头客。

优惠券

图 6 – 11   在收银台提供信息可以带来回头客

164

"服务的细节" 系列

《卖得好的陈列》：日本"卖场设计第一人"永岛幸夫
定价：26.00 元

《为何顾客会在店里生气》：家电卖场销售人员必读
定价：26.00 元

《完全餐饮店》：一本旨在长期适用的餐饮店经营实务书
定价：32.00 元

《完全商品陈列 115 例》：畅销的陈列就是将消费心理可视化
定价：30.00 元

《让顾客爱上店铺 1——东急手创馆》：零售业的非一般热销秘诀
定价：29.00 元

《如何让顾客的不满产生利润》：重印 25 次之多的服务学经典著作
定价：29.00 元

《新川服务圣经——餐饮店员工必学的 52 条待客之道》：日本"服务之神"新川义弘亲授服务论
定价：23.00 元

《让顾客爱上店铺 2——三宅一生》：日本最著名奢侈品品牌、时尚设计与商业活动完美平衡的典范
定价：28.00 元

《摸过顾客的脚才能卖对鞋》：你所不知道的服务技巧，鞋子卖场销售的第一本书
定价：22.00 元

《繁荣店的问卷调查术》：成就服务业旺铺的问卷调查术
定价：24.00 元

《菜鸟餐饮店30 天繁荣记》：帮助无数经营不善的店铺起死回生的日本餐饮第一顾问
定价：26.00 元

《最勾引顾客的招牌》：成功的招牌是最好的营销，好招牌分分钟替你召顾客！
定价：32.00 元

更多本系列精品图书，敬请期待！

畠山芳雄"管理的基本"全系列

定价：32.00 元

定价：30.00 元

定价：24.00 元

定价：24.00 元

定价：21.00 元

定价：20.00 元

定价：26.00 元

定价：19.00 元

定价：26.00 元

定价：29.00 元

定价：20.00 元

定价：20.00 元

定价：19.00 元

东方出版社更多精品图书　敬请期待！